美術館ができるまで

なぜ今、豊島なのか？

佐々木良

美術館ができるまで
なぜ今、豊島なのか？

目次

序章

瀬戸内 豊島

第一章

なぜ豊島はテシマと読むのか

第二章

古都の芸術

第三章

ごみの島

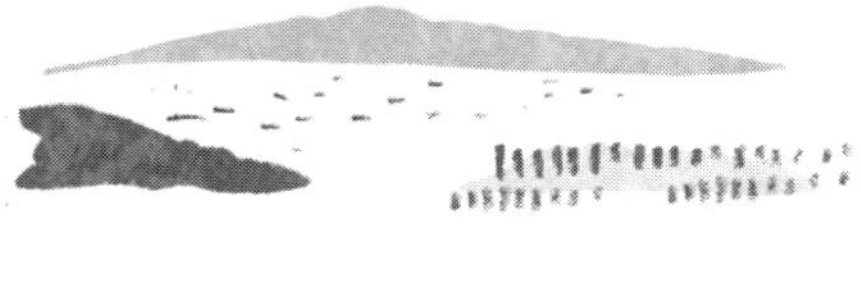

第四章

美術館ができる

※本文中の敬称は省略させていただきました。

序章

瀬戸内 豊島

なぜ今、豊島なのか

平成三〇年、『広辞苑(01)』が一〇年ぶりに改訂されて、そこに初めて「豊島《てしま》」が登場しました。広辞苑にはこう説明されています。

てしま【豊島】香川県北東部、小豆島の西方にある島。面積一四・四平方キロメートル《キロメートル》。石材の豊島石を産し、柑橘類の栽培が盛ん。（一部引用）

新語の選定基準は日本語として定着している言葉かどうかです。他にも、東京スカイツリーやスマホ、ビットコインといった世間で話題になった言葉も登場しています。「豊島」もそれほど社会に認知されるようになったということです。

数十年前には大量の産業廃棄物の不法投棄が明るみに出て、新聞やテレビを通して、豊島の名は全国に知れ渡っていました。近年、豊島美術館や瀬戸内国際芸術祭で、国内だけではなく世界中に名を馳せるようになりました。

豊島は一時間もあれば自転車で一周できる小島で、行政上は小豆島《しょうどしま》に属していますが、地理上は直島《なおしま》諸島に属しています。中央にそびえ立つ標高三四〇メートルもの檀山《だんやま》が豊かな水を生み、その水が稲作や野菜に恵みを与えます。豊かな島と書くだけあって、自然が魅力の島です。

豊島にあるのは、産業廃棄物の歴史や美術館だけではありません。奈良興福寺所領時代の文化財や香川県最古の石鳥居、食文化など優れた芸術や文化が残っています。

本書では、史料初出の鎌倉時代から、美術館ができるまでの豊島の歴史を紹介します。

そして、豊島と書いてテシマと読む不思議な地名の謎も本書で明らかになります。

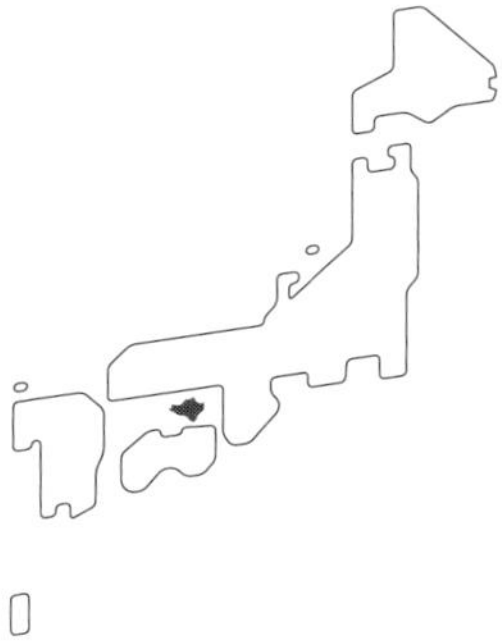

豊島との出会い

私が初めて豊島を訪れたのは、平成一一年、産業廃棄物の不法投棄事件の真っ只中でした。中学校の授業で豊島を訪れた私は「島がくさい」という思いをしたのを今でも覚えています。当時、島の西部には九〇万トン以上の廃棄物が山積みされていたのです。地面から、ドロドロとした液体から煙が出ていて、あたりは異臭に包まれ、一刻も早くその場を立ち去りたいと思うほど異様な状況でした。

それから私が豊島を再び訪れたのは、豊島美術館設立のために視察した平成二二年のことでした。「豊島＝くさい」という子供の時の記憶が脳裏にこびりついていて、正直、豊島に行くことに怖さがありました。しかし、いざ上陸してみると、風薫る澄んだ空気が心地よいと感じて驚きました。

これは、廃棄物を香川県が責任を持って撤去し、無害化処理が進められていたためでした。

子供の頃の嗅覚をえぐる記憶と、大人になって透き通った空気を味わった記憶の違いが、私にもっと豊島のことを知りたいと興味をかきたてられたのだと思います。

平成二九年、二〇余年に及ぶ廃棄物撤去事業がいよいよ完了する頃、私は豊島住民として完全撤去の瞬間に立ち会うことになりました。同じく、その瞬間を見守る年配の豊島住民の背中に、長い苦心を知ることができました。

廃棄物は全て撤去されましたが、現場には今もなお汚染水が残り、環境基準まではあと数年かかるといわれています。自然を破壊するのは簡単ですが、破壊された自然を元に戻す作業には、気が遠くなるほどの歳月と労力がかかります。

豊島には、清らかな自然水が湧く美術館があって水が歓喜の涙を誘う一方、廃棄物が投棄された場所には汚染水が残り、悲哀の涙を流す人がいるのが現状です。

私にとって豊島とは、自然とどう向き合えばよいのか、どう生きていけばよいのかということを深く考える場所だと思っています。

自然豊かな島

豊島には、毎年およそ一〇万人もの人が訪れています。広辞苑の説明にもあるように、豊島には、豊島石や柑橘類など産物が沢山あります。香川県最古の石鳥居や奈良仏師が彫った仏像もあります。美味しい苺やオリーブも有名です。平成二八年に日本経済新聞が行った調査で、豊島美術館は日本一美しい美術館に選ばれました。海外でも高い評価を得ていて、豊島美術館を目的に来日する外国人も大勢います。

豊島美術館は、人気が高く、入館規制が入ることもしばしばあります。何時間でもいていられる空間なので、みな時間の許す限り鑑賞しています。私も何度も鑑賞していますが、その度に違った感動を与えてくれます。しかし、美術館を訪れる人たちのほとんどは、島の歴史のなかでも特に重要な廃棄物問題を知らずに帰ってしまうことが多いです。

本書では、豊島美術館について深く知ってもらいながら、豊島の歴史や文化を知る手助けになっていただきたいと思い執筆しました。

第一章では、豊島と書いてテシマと読む地名について記しました。今まで解明されなかった地名の謎が、本書で明らかとなります。古文書や史料、神社を読み解いていくと、江戸時代まで島には東西で二分するように国境線がひかれ、豊島と手島という両方の地名が存在していました。それを徳川幕府が合併させて意図的に地名を作っていたのです。これは歴史的な発見となりました。

第二章では、豊島の芸術について記しました。豊島は離島にありながら、香川県指定の文化財が二つもあります。この文化財は、豊島が興福寺の所領地だった平安時代から室町時代にかけてつくられたものです。その頃、興福寺では運慶《うんけい》ら仏師が活躍していて、日本の歴史のなかでも特に優れた芸術文化を生み出した時代でした。芸術都市奈良の高い芸術性を持った仏師が豊島に芸術を持ち込んでいたのです。興福寺の所領だった島は、瀬戸内海では豊島が唯一でした。

なぜ、小さな離島に高い芸術が持ち込まれたのか、文化財をもとに、歴史を紐解きます。

第三章は、豊島で起きた豊島廃棄物不法投棄事件（以下、豊島事件）についてです。廃棄物の量は九〇万トン以上で、日本最大級の規模でした。そのため、長らく豊島はごみの島と揶揄《やゆ》され続けましたが、平成二九年、ようやくごみが完全撤去されました。事件の発端から撤去に至るまでの全容を記しています。事件解決には、どのような意義があったのか。また、私たちの生活にどのような影響を及ぼしたのか。豊島事件を振り返ります。

第四章は、豊島美術館の話です。国内外から賞賛される美術館は、どのような経緯でできたのでしょうか。私は、豊島美術館の設立時のメンバーであり、京都現代美術館の学芸員だったことの知見から、美術館のつくり方や美術的な意義について記しました。

豊島が歴史文献に初出してからの歴史、興福寺所領時代の芸術文化、不法投棄された廃棄物との闘いなど、美術館ができるまでの歴史を紐解くことで、豊島の文化性や芸術性などが全体的に見えてくると思います。小さな島だからこそ、自然美、祭り、文化、しきたりが大切に育まれ残されています。

一章から四章までの話は、それぞれ異なる事象ですが、これらは、豊島の自然美に惹かれた人々が、それを永遠に守っていきたいと願ったもので、本質的には同じことだと思っています。豊島においては、美術や事件、神社という別々の枠組みに収めてしまうべきではないと思っています。

「豊島《てしま》」を深く知ることで、日本社会の問題を見つめ直すとともに、文化芸術への理解を考えるきっかけになる、そんな一冊です。

〈注釈〉

（01）新村出『広辞苑　第七版』岩波書店、平成三〇年、一九九八頁

第一章

なぜ豊島はテシマと読むのか

解明の糸口

豊島という地名には、自然豊かな環境や島の歴史、文化が凝縮されています。しかし、初めて豊島の地名を目にする人は、おおよそ「トヨシマ」か「トシマ」と読み、「テシマ」とは読めません。

地名には、土地や人の性格、文化性、歴史の記憶が見えてくる面白さがあります。例えば、新宿は新しい宿場となったから新宿、梅田は田んぼを埋めて作った土地だから梅田と名付けられています。新宿の地名からは、江戸時代に甲府街道中に旅人のために宿場を作った歴史、梅田の地名からは人々の暮らしや田園の歴史が見えてきます。

では、豊島という名称の由来は何からきているのでしょうか。豊島と書いて「テシマ」と読むのは、全国唯一の地名です。そもそも「豊」の漢字は「テ」とは読みません。豊島を「テシマ」と読む難読地名の成立起源はいつ、どのような経緯からでしょうか。香川県史や香川叢書《そうしょ》などの史料に、豊島の地名由来について記載があり、そのほとんどのものに、古事記[01]に登場する海神の豊玉姫《とよたまひめ》にちなんで付けたと説明されています。[02]

地名説にはもう一つ、豊かな島だから豊島になったという説もありますが、実は根拠が薄い説です。そもそも「豊島＝豊かな島」という説の公的な史料の登場は、平成二〇年三月に発行された『土庄町《とのしょうちょう》誌続編』[03]が初めてで、意外にも最近出てきたものです。

この説が現れた背景には、おそらく豊島事件が関係しています。これまでの公的な史料には、すべて豊玉姫が由来だと伝えられていました。

廃棄物の不法投棄事件が明るみに出て以降、豊島は「ごみの島」と揶揄されるようになり、それに相対するように「豊かな島を返せ」というスローガンが掲げられました。

このような時代背景があり、突如として現れた説であるため、地名の由来根拠にはなりません。

豊島の地名表記は豊玉姫に因むもので間違いはなさそうですが、読み方には疑問が残ります。未だにどの説もなぜ「豊」と書いて「テ」と読むのかが説明できていません。

『角川日本地名大辞典』[04]には「トヨがテに転訛《てんか》した」と書かれていて、『土庄町誌続編』には「読みは漁師が手で風の方向を指したから」と書かれています。しかし、かつて豊島の氏神だった豊玉姫を祀る神社は、豊玉《とよたま》神社と呼ばれていて、トヨの音が転訛せずに、豊＝トヨで継承されています。はたして島名だけが転訛して、豊＝テとなるでしょうか。名の知れない漁師が手で風の方向を指したことが読みになったというのも、理由が今ひとつ理解できません。

「豊」という漢字は、ゆたか・とよ・と・ホウ・フ・ブなどと読み、ここ豊島以外の地名ではテと読むことはありません。国土地理協会が作製した全国町・字ファイル[05]を元に、全国の現行の行政地名のおよそ三一万件の中から、「豊」の漢字から始まる地名を選抜してみたところ六八六箇所あって、そのうちトヨと発音されているのは五七七箇所でした。テと発音されるのは、全国で豊島が唯一の地名です。全国津々浦々の方言や訛《なま》りをもってしても、トヨは転訛してテにはならないことがわかります。

また、香川県には「豊島」という名字を持つ世帯も多いですが、みな「トヨシマ」さんです。TOYOが転訛して音が縮まっても、東京都の豊島区のように、最初のTと最後のOが残り、TOになるので、トヨはテに転訛することはありません。また地名ではありませんが、大阪の豊中市に北豊島《きたてしま》中学校があったり、鳥取に豊島《てしま》という名字があったりしますが由来は不明です。いずれにせよ、地名として豊＝テとして残っているのは、香川県の豊島だけです。

この地名の難読解明の糸口は、豊島美術館が建つ土地にありました。

美術館で神社発見

ある日、豊島住民の方から、豊島美術館の敷地に神社があることを聞かされました。美術館建設のために敷地を整備していると、そこから発見されたそうです。開館当初はそのようなものがあることについて気にも留めていませんでしたが、行ってみると確かにそこに小さな神社が佇《たたず》んでいて大変驚きました。美術館敷地から神社が発見されるというのは、他ではあまり聞いたことがありません。

豊島美術館は、明神山《みょうじんやま》の山頂部に位置しています。

明神山の麓《ふもと》には住吉《すみよし》神社があり、この明神山の山頂に向かって鎮座《ちんざ》しています。位置関係から、明神山全体を御神体《ごしんたい》としている神社だということが分かります。

豊島美術館の敷地から発見された神社も、この住吉神社の所管社だと考えられます。

豊島美術館が建つ場所は唐櫃《からと》地区といいます。唐櫃とは、神社などで宝物を入れる箱のことをいい、明神山も唐櫃も神社に関する地名になっています。

昭和一三年編纂《へんさん》の『香川県神社誌[06]』には、住吉神社の住所は「豊島村大字唐櫃字明神」と表記されています。豊島沖から遠望すれば一目瞭然で、明神山の麓は海岸沿いまである綺麗な円錐形をした三角型の山です。自然を崇敬し自然に神が宿るという日本の信仰の中では、三角型の山は神奈備山《かんなびやま》と呼ばれ、古来より神の住む神体山とされてきました。

ここ明神山も神奈備山として、神様を祀ってきた山でした。美術館設立をきっかけに、この場所が歴史ある土地だということが分かってきました。

■明神山

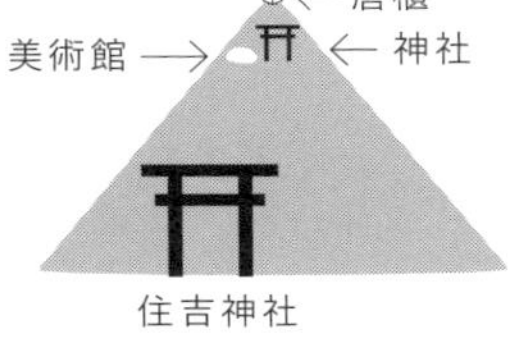

全国には「明神」の付く地名は数多くあり、神様の住む神聖な山などの地域に地名として残されています。明神といえば、神様のことをいいますが、特定の神様を指している言葉ではなく、水の神様だったり、お米の神様だったりと地方によって違います。いわば神様の愛称です。

住吉神社の本家、住吉大社では御祭神《ごさいしん》の「底筒男命《そこつつおのみこと》、中筒男命《なかつつおのみこと》、表筒男命《うわつつおのみこと》」を住吉大明神と呼んでいます(07)。全国の他の住吉神社では、先の三柱《はしら》の神に神功《じんぐう》皇后を加えて住吉大明神と呼ぶこともあります。海の神様と理解されていますが、古事記や日本書紀(08)の中で、水で穢《けが》れを払う神様としても登場したこともあって、禊《みそ》ぎの神様、水の神様として理解されています。

神社の社殿というものは基本的に、太陽の方向、すなわち南を向いて建てられています。しかし、豊島の住吉神社は東を向いて鎮座しています。

海岸の立地なので、素直に南向きに社殿を建てれば、海に向かって祈ることになるのですが、山を祈るように建てられています。社殿の場所と地名から推定して、住吉神社は明神山を祀っていることは明らかです。

平安時代以降に八幡《はちまん》信仰が全国に広まり、豊島にも伝播して八幡神が氏神となりましたが、それ以前の唐櫃では、集落の中心にそびえ立つ明神山を祀る住吉明神が氏神だったのでしょう。

この住吉神社の由来を詳しくみていきます。豊島の対岸の小豆島にある伊喜末《いぎすえ》八幡神社と大木戸《おおきど》八幡神社の由来を記録した「伊喜末八幡神社縁起《えんぎ》」(09)には、小豆島北西部の場所の話が書かれています。豊島とは明記されていませんが、地理的に豊島と断定できます。

伊喜末八幡神社縁起には、

三韓征伐から瀬戸内海を通って畿内に向かう神功皇后一行が、小豆島の北部の海上で暴風に見舞われます。海中には牛の形をした妖鬼が現れ、船が転覆しそうになりますが、神功皇后が神に祈ることで、暴風は止み、なんとか小豆島の側に漂着します。しかし、風は止んだもののなお海中の妖鬼が襲ってきます。そこで住吉明神が妖鬼に矢を放って倒しました。海が安定すると神功皇后一行は小豆島に渡り、再び畿内に向かって進みました。(一部抜粋、意訳)

と、記載されています。

三韓征伐の帰り、瀬戸内海を東に畿内に向かう神功皇后一行は、小豆島の北部の海上で船が難破し小豆島の側に漂着しました。その場所で住吉明神は海が鎮《しず》まるように祈念しています。

「小豆島の側」と、場所の詳細を明記してはいないものの、瀬戸内海の西から航海しているので、小豆島の対岸の豊島の住吉神社が建つ明神山の麓あたりだと考えられます。小豆島付近の海上で吹き荒れた暴風と海中の妖鬼を鎮めるため、神功皇后は、海が鎮まるように住吉明神に祈りました。そして住吉明神は神奈備山である明神山から、海に向かって矢を射て海を鎮めたのです。

海域を一望できる明神山の山頂は、この辺りの海域の安泰を願う重要な拠点でした。海上から見た明神山は、航海上目印ともなる大事な山です。海上での生活が基本にあった島の人々にとって、明神山は海の安全を祈る最適な場所だったので、この神話が生まれたのでしょう。

海の安泰を祈るために、海の神様である住吉明神をお招きし、麓に神社をしつらえました。そして、山を象徴する山頂に神社を建てました。それが豊島美術館の入口付近にある神社です。

豊島美術館の敷地は、水の神様の住吉明神が守護しています。水滴の形をした建築で、水が湧き出る作品を展示している美術館なので、神様との縁を感じます。

唐櫃も見つかる

豊島の唐櫃地区の中心に豊島美術館が建っています。美術館の神社発見からほどなくして、その近くから唐櫃が見つかりました。唐櫃（からと・からひつ）とは、中に丹《たん》や刀剣、穀物など神様に奉納する宝物を入れる箱のことをいいます。唐櫃の「唐」という漢字は、日本に地名表記ができた奈良時代に中国大陸にあった唐が日本唯一の貿易国であり、唐という言葉は一国を指すというより「外国」という意味でしばしば用いられています。

普段は草木が生い茂る明神山ですが、冬になると草木が枯れて頂上が見えるようになり、そこに人為的に巨大な石を組んだ磐座《いわくら》が見えるようになります。明神山の山頂部の一番高いところにあり、普段は立ち入らないようなところですが、冬だからこその発見でした。

唐の文様の入った櫃《ひつぎ》は逸品であり、唐櫃といわれていました。

『角川日本地名大辞典』の唐櫃〈土庄町〉の項では、

地名の由来は、唐のヒツギがあることからとか、唐人に関係があったからといわれる。一般的には櫃石という巨石神を祀り、古代の祭礼地であった地域の地名とする場合が多い。古代遺跡も多い。（一部引用）

とあります。

角川日本地名大辞典には、祭礼地に巨石神を祀ったところが「唐櫃」と記載しています。そのどこに唐櫃があるかは書いていませんが、唐櫃地区の中心にそびえ立つ明神山の山頂に巨石があることとは一致しています。

国内には、豊島の他に「唐櫃」と付く地名は五つあります。兵庫県神戸市北区唐櫃、三重県多気《たき》郡大台《おおだい》町唐櫃、京都府亀岡《かめおか》市篠《しの》町王子《おおじ》唐櫃越《ごえ》、山口県周南《しゅうなん》市須々万奥《すすまおく》唐櫃、岡山県新見《にいみ》市哲多《てった》町唐櫃です。なかでも隣県の兵庫県にある唐櫃は、同じ瀬戸内海の沿岸地区で、豊島とは瀬戸内海の海を中心とする文化や歴史、信仰など、共通点が多く見受けられます。

兵庫県の唐櫃の地名由来では、三韓征伐に出かけた神功皇后が、瀬戸内海を西に向かって帰る途中、兵庫県の六甲山の麓に、石でできた唐櫃に甲冑《かっちゅう》や黄金の鶏を納めて森の中に埋め、隣に石の祠《ほこら》を建てて拝んだことで、そこを唐櫃と呼ばれるようになったと伝えられています(10)。

さらに兵庫県神戸市北区有野町《ありのちょう》の『有野町誌(11)』では、豊島の唐櫃にも触れています。

伝説によると神功皇后が朝鮮進攻からの帰途、この地に滞在し、持ち帰ってきた甲冑《よろいかぶと》や黄金の雌、雄の鶏を唐の櫃に納め「村の存亡にかかわるときに掘り出すよう」にと、この森の中に埋めたという。唐櫃の地名も、この伝説から起因したという説もある。**このような伝説は香川県豊島（小豆島の西）にも伝わっている。**この時代に大陸からの渡来人が居住したことが神話化されたという説もある。森の中には神功皇后を祭る石の祠《ほこら》があり「唐櫃石神社」「石の荒神さん」とも呼ばれている。この祠の近くに石櫃が埋められているといわれ、明治の中ごろ村民が一度掘り返したことがあったが、石のフタらしいものが見つかっただけで、何も出て来なかった。（一部引用、太字は筆者による）

とあります。

有野町誌や伊喜末八幡神社縁起、角川日本地名大辞典の言い伝えを相対的にみると、明神山とその山頂にある神社と磐座が由来で、この場所が唐櫃と呼ばれるようになったと比定できます。

明神山の山頂にある磐座もしくはその下に埋められた櫃こそが、地名にもなった「唐櫃」そのものといえます。豊島美術館の場所は、唐櫃地区の中心地という地理的状況で、地名的にも集落の中心地だったのです。

棚田とその神社

唐櫃地区には八ヘクタールもの広大な棚田があります。檀山と蛇山《あぶやま》と明神山の三つの連なる山の斜面に作られています。全国の多くの棚田は日の当たる南向き斜面に作られていますが、この棚田は北向き斜面にある稀《まれ》な棚田です。そんな場所に棚田を作ることができたのは、全国有数の日照時間の長さと豊島特有の光を遮《さえぎ》るものがない大きな空にあります。そしてもう一つの大きな要素として、棚田の最高部に巨大水田を賄《まかな》うだけの十分な水が確保できることにあります。

豊島美術館はその棚田の休耕田になっていた田んぼ二枚ほどの敷地に作られました。(12)

棚田の最高部には、唐櫃の清水《しみず》という場所があり、そこでは棚田一帯を潤《うるお》す清純な水が湧いています。

檀山の広大な森に貯水された雨水は、地中の豊島石を通って浄化されて、唐櫃の清水の場所に湧水となって現れています。それが棚田一帯を潤し米や農作物に栄養をもたらしてくれています。生活においては、炊飯や洗濯など人々の生活用水として、重要な役割を果たしています。

香川県は「うどん県」と言われるほど、うどんの食文化があります。香川県は毎年渇水の注意報が出るほど降水量は少なく、それに大部分が平野で森林が作る川も少ないので、水には恵まれておらず、稲作に不向きな土地でした。その分、多くの水を必要としない麦栽培に適し、塩と醤油の産地でもあったことから、県民の主食としてうどんが食されるようになりました。

一方の豊島は香川県の内陸部とは違い、湧き水があるので、稲作には好条件でした。米や野菜が豊富にとれ、自給自足が可能な豊かな島でした。

ところが、国の高度経済成長に伴い産業構造が変化していき、豊島にも影響がおよび唐櫃の棚田の耕作面積は九割も減ってしまいました。第一次産業が大きく衰退したことや廃棄物の不法投棄の風評被害、過疎化、少子化、若者の農業離れなどが重なり棚田の農業の衰退に追い討ちをかけました。

そこで、平成二二年の瀬戸内国際芸術祭の開催を契機に、芸術だけではなく荒廃した棚田も再生していこうと、豊島美術館と地元自治体、唐櫃棚田保存会との協働で、休耕田を復活させる棚田プロジェクトが始まりました。そのことにより、荒廃していた棚田は本来の姿に戻りつつあります。

唐櫃の清水は、水が湧く神聖な場で、清水神社が建てられています。ところが、清水神社という名称なので、どう考えても水を祀っているように思えますが、香川神社誌(13)には、「齋火武主比神《いみほむすびのかみ》、奥都比子神《おきつひこのかみ》、奥都比賣神《おきつひめのかみ》」の三柱《はしら》が御祭神と記載されています。これらの神様は、かまどの神様(もしくは火の神様)です。地元の人々から唐櫃の清水と愛された場所に、なぜか、かまどの神様が鎮座しています。

おそらく、これは、清水神社の愛称を誰かが間違って認識してしまったことに原因があると考えられます。

清水神社は荒神宮《こうじんぐう》という別称もあり、地元の人からは荒神さんと親しまれています。荒神とは、明神と同じように、特定の神様の名ではなく神様の愛称です。宮中でかまどの神様として祀られていたので全国的に荒神は、かまどの神様のことをいいます。

しかし、岡山県に限っては事情が違うようです。三浦秀宥《みうらしゅうゆう》の著書『荒神とミサキ―岡山県の民間信仰』(14)には、

(岡山県の荒神の)社地を見ると、山の中腹、山頂、田の中など一致しておらず、島では守り神の性質上から浦を見下す位置になっている例が多い。岡山には田の神というものがないことも民間信仰の一つの特色となっているが、もともと田の神がなかったとは考えられないことであって、その中のあるものは荒神に変わったと考えられる。(一部引用)

とあります。

全国的にかまどの神様と理解された荒神は、岡山県では、荒神が田の神様にあてはまるというのです。

豊島は岡山県とは目と鼻の先にあります。豊島の清水神社は、清い水が湧き出る神聖な場所に神様を迎えている上、清水神社という名前から読み取っても、荒神は岡山県と同じ田または水の神様であることには間違いなさそうです。

豊島の南部の男木島《おぎじま》でも、荒神といえば田の神です(15)。直島の西にある荒神島は海を祀っ

た神島です[16]。これらは岡山県から文化の影響があるので、かまどの神様ではなく田または水の神を表す荒神なのです。

元来、唐櫃の人々が「清水神社」と呼んでいたものを岡山の影響下にあった人々が、水の神様の意味で「荒神」の愛称で呼んだのでしょう。ところが、宮中の影響下にあった人々が、誤って荒神をかまどの神様と理解してしまったのです。清水神社↓水の神様↓荒神↓かまどの神様へと変容し、現在では、清水神社がかまどの神様と誤認されるようになりました[17]。

鎌倉時代には、家浦《いえうら》が備前国《びぜん》(岡山県)の影響を受けていたことも、唐櫃が小豆島経由で畿内の影響を受けていることもわかっています。少なくとも江戸時代以降、現在に至るまで豊島の行政は、高松藩《たかまつ》、津山藩《つやま》、名東県《みょうどう》、愛媛県へと幾度も変わっていますから、この流れは納得できるのではないでしょうか。

水の湧き出る場所の神社が、初めからかまどの神様を祀ったという訳ではなく、棚田を潤す湧き水の場所に田の神様を祀ったのが、清水神社の始まりなのです。

地元のお年寄りに聞けば、晴れ日が続いた渇水の時期になっても、湧き水が止まったのは見たことがないといいます。今でも、棚田を潤す清水として、涸《か》れることなく毎日清純な水を生み続けています。

明神山の山頂部かつ、棚田の中にある豊島美術館は、住吉神社と清水神社の二つの水の神様に護《まも》られた美術館です。ここは長い歴史の中で、人々が水を大切に守ってきた想いのあふれる場所なのです。

一つの島の、二つの島

豊島にはかつて、一つの島の中に二つの島がありました。というのも江戸時代初期まで、島に「豊島《とよしま》」と「手島《てしま》」という二つの島の名称が同時に存在していたのです。

豊島と手島。唐櫃と家浦の東西の二つの集落が別々の国に属していて、それぞれ島の呼び名が異なっていました。豊島と書いてテシマと読む難読地名の名称由来は、二つの島の名称が組み合わさってできた島の名称でした。

かつて二つの集落に分かれていたという名残は、八幡神社にみることができます。一般的に、一集落に一つ建てられていた八幡神社が、豊島は小さな島でありながら家浦と唐櫃の二箇所にあります。少なくとも八幡神社が豊島に建てられた平安時代までは、別の集落だったことを意味しています。

この他にも、いくつかの史料を読み解くと、江戸時代初期まで、豊島西部の家浦は備前国、豊島東部の唐櫃は小豆島（讃岐国《さぬき》）に所属していて、島の中に国境が存在していることがわかってきました。現在は、豊島は家浦《いえうら》・唐櫃《からと》・甲生《こう》の三地区に分かれていますが、甲生の三対神社《さんたい》には、家浦と書かれた石柱がいくつもあるので、江戸時代初期までは甲生は家浦の一部としてともに備前国に属していたようです。

豊島の地名の初見は、正安《しょうあん》四年（一三〇二）の明光寺《みょうこうじ》の懸仏《かけぼとけ》銘文(18)です。ここに豊島家浦荘と記されています。その五〇年ほど前に書かれた建長《けんちょう》五年（一二五三）の近衛家《このえ》所領目録(19)には、備前国家浦庄、同国直嶋と記されています。

この二つの史料からわかることは、直島は島全体が備前国の統治下にあったことと、豊島は島全体が備前国の統治下ではなく、「家浦庄」という言葉が示すように家浦だけが備前国の統治下にあったことを物語っています。

豊島全体が備前国で豊島全体を統治していた庄屋であれば、「直島」のように島全体を意味する「豊島」または「備前国豊島庄」と表記されるべきだからです(20)。同時に、唐櫃は備前国ではない別の国の治めだったことを示しています。建長五年（一二五三）には、豊島の中には国境があったのです。

日本の地名については、文字の使用がなかった時代以前には地名表記は存在せず、口頭で発せられる音だけの地名が存在していました。奈良時代になると、文字が登場し、古事記や日本書紀、風土記[21]の編纂にあたって発せられた「諸国郡郷名著好字令《しょこくぐんごうめいちょこうじれい》」によって、地名は文字の印象がよい漢字二文字で表記することが決められました。全国の地名が漢字二文字になっているのは、この時代の影響を受けているからです。

家浦では、豊玉姫の島として、トヨタマシマまたは、トヨシマという音の地名が先に成立していたのでしょう。それを漢字二文字で表現しているため豊島になったのです。テシマという音の地名が先に成立していたとすると、豊島の漢字が当てはめられるはずもないのです。

■豊島の国境

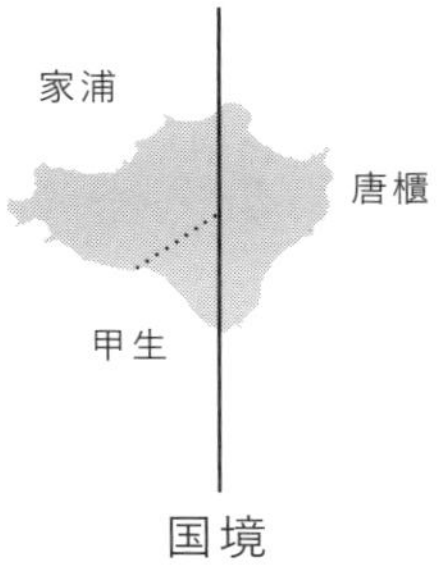

備前国と家浦では、「豊嶋」と呼んでいたことが左記の文献で確認できます。

〈豊嶋家浦庄（または家浦庄）の表記がある史料〉

①「近衛家文書　近衛家所領目録案[22]」建長五年（一二五三）

（近衛家の所領を記した目録。**備前國家浦庄**一乗院僧正御房　**同國直嶋**顯氏卿と記載）

②「明光寺蔵　正安四年十一月懸仏銘文[23]」正安四年（一三〇二）

（豊島家浦の明光寺にある懸仏銘文。敬白奉施入**豊嶋家浦庄**と記載）

一方、小豆島では、「手嶋」と呼んでいました。

〈手嶋の記載がある史料〉

❶「土庄村庄屋笠井三郎左衛門同太郎右衛門譲状[24]」元和《げんな》九年（一六二三）

（土庄村の笠井三郎左衛門から同村の笠井太郎右衛門に宛てた書状。**手嶋**と記載）

❷「某（但馬守）家臣連署状（折紙）[25]」寛永《かんえい》一七年（一六四〇）か

（広島藩主浅野長晟の家臣の伊藤半右衛門らが土庄村の小豆島庄屋の笠井太郎右衛門と勘兵衛に宛てた書状。**手嶋**と記載）

❸「伏見奉行小堀政一書状（折紙）[26]」寛永一七年（一六四〇）か

（当時小豆島を支配していた伏見奉行の小堀政一が手嶋の庄屋にあてた手紙。**手嶋**と記載）

❹「小堀政一下代連署状（折紙）[27]」寛永一七年（一六四〇）

（伏見奉行の小堀政一が下代として出役している長屋木工と大橋金左衛門と手島の庄屋に宛てた書状、**手嶋**と記載）

❺「某（但馬守）家臣連署状（折紙）[28]」寛永一七年（一六四〇）か
（❹の書状の内容を受けて、長屋木工と大橋金左衛門が土庄村の笠井三郎左衛門に宛てた書状。**てしま**と平仮名記載）

❻「南海治乱記[29]」寛文《かんぶん》三年（一六六三）
（讃岐国の儒者香西成資が編纂した歴史書。**手嶋**と記載）

❶～❺の史料から、小豆島の人々は、「てしま」は「手嶋」と書くという認識だった事がわかります。今までは、これらの史料に書かれている手島は豊島の誤記だと考えられていましたが、手島と呼んだ人とその居住地を照らし合わせてみると、小豆島と国家の政庁である幕府の役人が使っていた公式な名称だったことがわかります。

①の史料は、所領者が幕府に当てた目録であるため、豊島＝トヨシマという地名もまた手島と同様、公式な地名でした。江戸時代初期までは、公的な島の名称が二つ存在し

ていたのです。

文献だけではなく、絵図にも豊島や手島の表記が登場しています。

〈絵図による記載（豊島、手島、テシマ）〉

1「小豆島慶長《けいちょう》古地図[30]」慶長五年（一六〇〇）
（小豆島を描いた地図。現存するものは、江戸末期から明治頃の書写図か。**豊嶋**と記載）

2「慶長小豆島絵図[31]」慶長一〇年（一六〇五）
（片桐且元が絵図を担当した小豆島を描いた地図。**豊嶋**と表記）

3「正保《しょうほう》小豆島絵図[32]」正保年間（一六四四－一六四八）
（小豆島を描いた地図。大庄屋、笠井家が差し出したものの書写図か。**豊島**と表記）

4「瀬戸内海航路絵図[33]」万治《まんじ》三年（一六六〇）以前
（臼杵藩の関係者が書かれたとされる地図。**手島**と記載）

5「海瀬舟路図[34]」寛文七年（一六七七）
（小豆島と高松の航路を描いた地図。**テシマ**と記載）

絵図に関しては、豊島、手島、テシマ、と記載が様々です。作成地域の記載に統一がありませんが、豊島も手島も各地で使われていたことがわかります。

「豊島」とよしま

豊島で一番大きな集落は家浦です。鎌倉時代より、家浦庄という庄屋があったほど集落が賑わっていて、沢山の家が建ち並ぶ浦でした。所属していた備前国から豊島（としま）と呼ばれていました。家浦八幡神社の鳥居は、石鳥居としては香川県最古のもので、香川県内でも歴史の古い集落です。(35)

家浦にある神社の中でも、もっとも歴史が古いのは、豊玉姫を祀る豊玉神社です。豊玉姫は古事記に神武《じんむ》天皇（初代天皇）の祖母として登場します。家浦には、豊玉姫がここで生誕したという伝承が残っていて、古くより海神として信仰されていました。

現在は八幡神社の神様が氏神ですが、かつては豊玉姫が氏神で、豊島明神社という神社に祀られていました。これはもともと、家浦八幡神社の傍《そば》にありましたが、現在は少し東に行った今宮《いまみや》という場所に、豊玉神社として存在しています。(36)

家浦には、豊玉姫の生誕地という伝承や、豊玉姫が浜辺で鵜草葺不合命《うがやふきあえずのみこと》を生み、その場所を神の子が生誕した意味を持って神子ヶ浜《みこがはま》（御子ヶ浜《みこがはま》）と呼んだという伝承などが残されています。しかし、唐櫃には豊玉姫の伝承はありません。江戸時代まで、「豊島」という名称が、家浦のみで使われたということを考えれば、豊島の由来は豊玉姫に因むものということが明確です[37]。

豊玉姫の信仰の発祥は、全国的には鹿児島県とされていて、豊玉姫を祀る神社の本社の豊玉姫神社は、鹿児島県知覧《ちらん》町郡の知覧特攻基地があった所の近くにあります[38]。豊島に伝わる豊玉姫の伝承も、鹿児島県から伝播《でんぱ》したものでしょう。

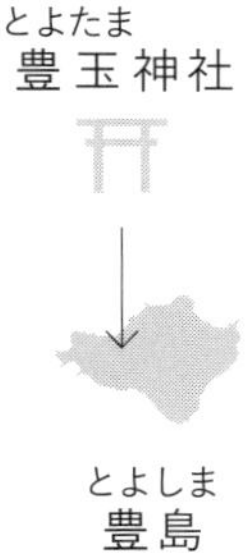

瀬戸内海では、豊島の南にある男木島《おぎじま》にも豊玉姫の伝承があります。(39) しかし、男木島の豊玉姫神社の創建は天正《てんしょう》八年（一五八〇）で、神社としてはそれほど古いものではありません。豊島の伝承の方が歴史が古いことから、豊島から男木島へ伝えられたものだと思われます。(40)

男木島は豊島のすぐ南に位置しています。豊島から南の海を望むと、手前には男木島、奥に女木島《めぎじま》が並んで見えます。両島共に豊島から見ると同じような神奈備の形をしています。大きい方が男木島、小さい方が女木島で、寄り添うように並んでいます。高松側から見ると、女木島・男木島・豊島と統一感なく三つ並んだように見えます。

男木島・女木島は、古くは、陽木島《ようきしま》・陰木島《いんきしま》と呼ばれていました。豊島から見て、陽木島の後ろに隠れるように存在しているのが陰木島です。男木島は豊玉姫を祀り、女木島は玉依姫《たまよりひめ》を祀る神社があり、この二柱は姉妹です。

男女・陽陰・姉妹のいずれにしても、豊島から男木島と女木島を見ると、甲・乙の関係が成り立っています。豊島の人々によって、地名は名付けられ豊玉姫の信仰が伝播していったのでしょう。

女木島には、桃太郎の物語で登場する鬼島《おにがしま》の伝説が残っていますが、私は男木島と女木島は、二つで一つの鬼島《きしま》（木島《きしま》）だったと考えています。その鬼島（木島）を男女または陽陰と区別していたということです。

今、男木島が豊玉姫の本家のように語られていますが、瀬戸内海における豊玉姫の本家は豊島で、そこから移動しているのです。

■高松から北を望む

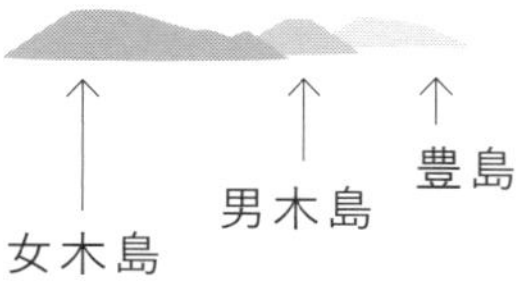

■豊島から南を望む

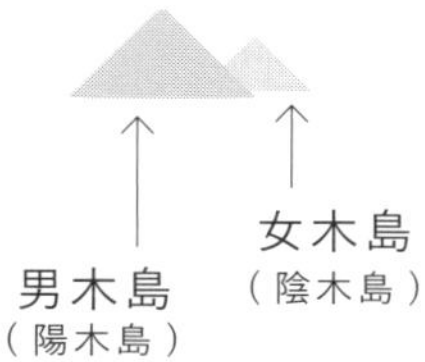

「手島」てしま

備前国の人々は豊島と呼んでいて、小豆島の人々は手島と呼んでいました。手島の由来は島が手の形をしているから、手島と呼んだと推測できます。

現代では土地を俯瞰《ふかん》した地図が一般社会に広まっているので島の形といえば海岸線を縁取ったものをイメージしますが、昔は俯瞰した視点はなく、陸地から見た横視点でした。

例えば、香川県の屋島《やしま》も、横から見ると屋根の形に見えますが、俯瞰した視点だと屋根の形には見えません。豊島で一番大きな山の檀山も、横から見ると檀（花壇、教壇、仏壇などのように平らな台のこと）の形をしています。

小豆島から豊島を一望すると、豊島は手の形に見えます。特に小豆島の最西端の重岩《かさねいわ》という場所からは、その形がはっきりとしています。

豊島の地形は、中央の檀山が大部分を形成していて、北方向に宮崎《みやざき》、蛇崎《あぶざき》、白崎《しろざき》、甲《こう》崎《ざき》と呼ばれる岬が海に向かって伸び、南方向には小高い御殿山《ごてんやま》が望めます。檀山の大きな固まりを手全体に、北に四つ並んだ岬を指に、南の御殿山を親指に例えて、手の形をした島として「手島」と呼んだのでしょう。

豊島には、家浦と唐櫃と甲生の三つの集落があります。豊島を手の形に見立てた時、「手島の甲生」の場所は、ちょうど「手の甲」の部分にあたります。江戸時代は、豊島を手島と呼んでいた小豆島の人が、手の甲として呼んでいたことがいくつかの史料からわかるので紹介します。

■小豆島からは、手の形に見える

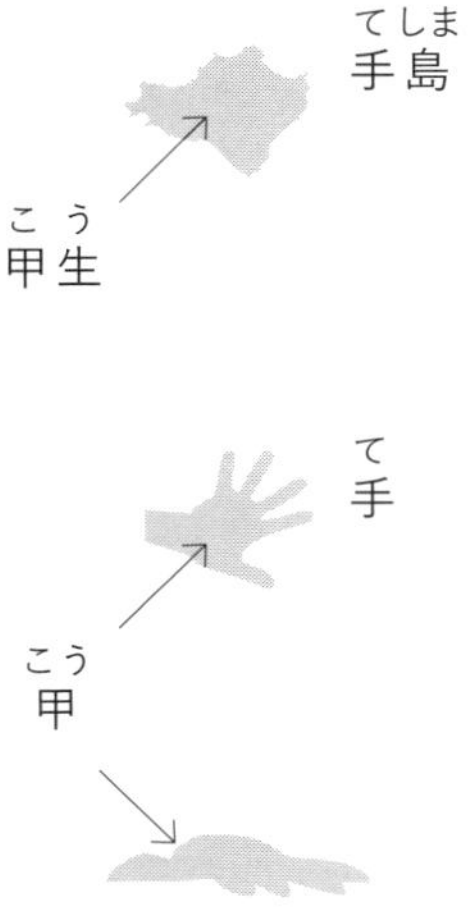

〈甲生（かうの浦、甲生村、甲村、か生村）の記載がある史料〉

1 **甲村**の記載

「小豆島慶長古地図[41]」慶長五年（一六〇〇）

（甲生村の初見。**甲村**と記載）

「豊島甲生村肝煎願書（折紙）[42]」慶安《けいあん》二年（一六四九）か

「大坂船奉行同東西町奉行下代連署状（折紙）[43]」明暦《めいれき》年間（一六五五－一六五七）か

「新儀網に付言上[44]」明暦二年（一六五六）

「海の分進退被仰付候控[45]」明暦二年（一六五六）

「甲生村肝煎連署鯛網代算用状[46]」寛文一一年（一六七一）か

2 **甲生村**の記載

「豊島漁師鯛網代請負算用覚[47]」寛文一一年（一六七一）

「豊島漁師鯛網代請負一札[48]」寛文一三年（一六七三）

「豊島漁師鯛網代請負一札[49]」延宝《えんぽう》二年（一六七四）

「豊島漁師鯛網場請負一札[50]」延宝三年（一六七五）

「小豆島網廻船御運上積帳[51]」延宝五年（一六七七）
「甲生村年寄連署鯛網代約定書[52]」延宝六年（一六七八）
「豊島漁師鯛網場請負一札[53]」延宝六年（一六七八）
「豊島漁師鯛網場請負覚[54]」寛文九年（一六六九）

3 か生村の記載
「他国小手ぐり網不参様願一札[55]」延宝七年（一六七九）

4 かうの浦の記載
「伏見奉行小堀政一書状（折紙）[56]」寛永一七年（一六四〇）か
「小堀政一下代連署状（折紙）[57]」寛永一七年（一六四〇）

5 手嶋三ヶ村
「土庄村庄屋笠井三郎左衛門同太郎右衛門譲状[58]」元和九年（一六二三）
（手嶋三ヶ村と記載。家浦村、唐櫃村、**甲生村**を意味している）

かうの浦、甲生村、甲村、か生村、と甲生の書き方が様々なのは、文献上の甲生の初見である慶長五年（一六〇〇）からそう遠くない時に、家浦からの独立した集落として誕生したので、認知率が低かったからだと思います。

小豆島から豊島を手の形に見立て、手の甲の部分にあたる場所を、甲《こう》と名づけたのでしょう。奈良時代以降、地名は好字《こうじ》を用いた二文字で表記することが慣例として残っていたため、後ろに生《う》の一字を足して、甲生《こう》と表記されるようになったのです。このように後ろに一字足す地名例は、和歌山県の紀伊《きい》や奈良県の室生《むろう》など、全国にも見られます。

豊島の甲生の由来は、全国各地にある一般的な地名に用いられている甲乙丙丁の甲でも、甲冑の甲の意味でもなく、手の甲なのです。

家浦は豊《とよ》玉姫の生誕があるから豊島《とよしま》。唐櫃は小豆島から見て手の形をしているから手《て》島《しま》。島の中で交流のなかった二つの集落は、それぞれが所管する国または地域から別の島の名称で呼ばれていました。

■異なる呼び名

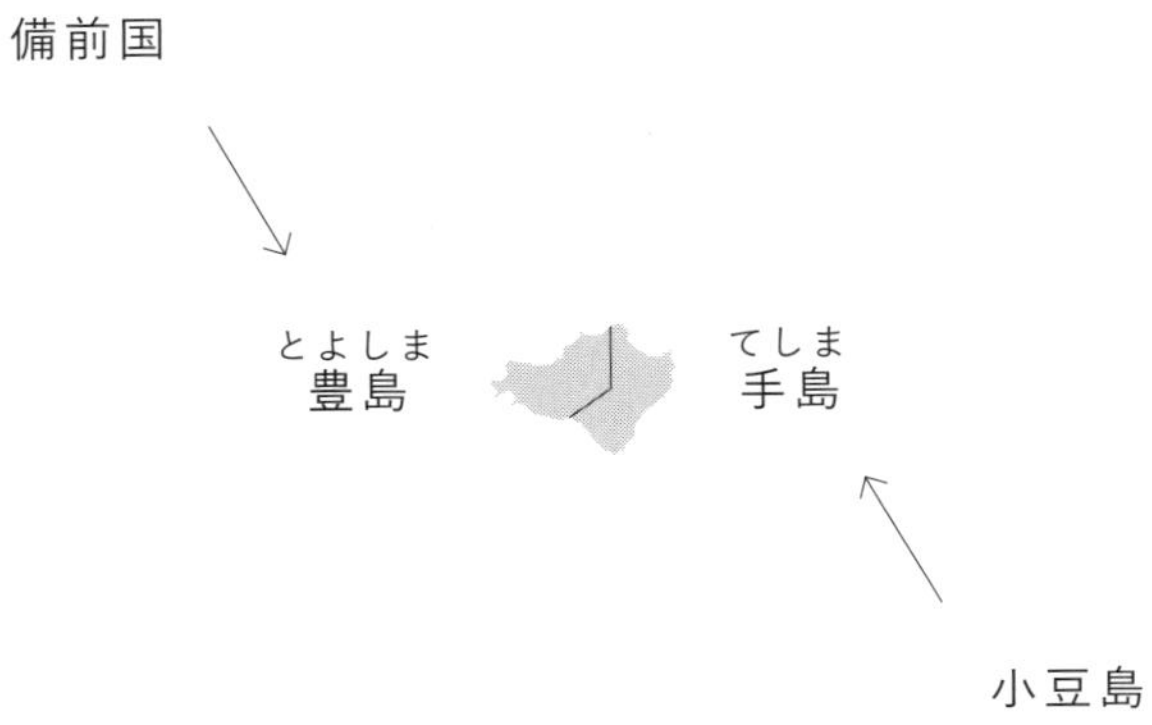

徳川幕府が豊島を命名

豊島と手島の二つの名称を持つ島は、江戸時代に幕府領（幕領・天領）として、合併することになります。

天正一三年（一五八五）には、小豆島が瀬戸内海で初めて幕府領になりました。その後、伏見《ふしみ》奉行の小堀政一《こぼりまさかず》の個人所領となり、大阪船奉行の高林又兵衛《たかばやしまたべえ》らの個人所領へ変わります。

寛文一二年（一六七二）に直島が幕府領となり、その五年後の延宝五年（一六七七）に再び小豆島が幕府領となります。このことで、小豆島、豊島、井島《いしま》、直島、もともと幕府領だった塩飽《しあく》諸島などを含め備讃瀬戸《びさんせと》(59)の島々は、どの国にも属さない幕府領となりました。

この時に、豊島全域が幕府領として初めて同じ行政の所管になり、以降、豊島は完全に小豆島の一部の島として、公的に扱われるようになりました。備前国で呼ばれていた豊島、小豆島で呼ばれていた手島の二つの島の名称が存在していたので、幕府は年貢の徴収など帳簿で管理する上で、豊島・手島の名称を統一する必要がありました。

そこで、両方の地名を残すように、表記は「豊島」、読みは「てしま（手島）」として、その問題を解決したのです。

このように、豊島をあえてテシマと読む難読にしたのには理由がありました。住民としても、今まで親しんできた島の名称を使用したいと思うのは当然です。幕府としても、すでに幕府領の塩飽諸島に手島という島が存在していたため、紛らわしさを回避するため小豆島で使われていた手島の表記は避けたいとの意向もあったのでしょう。したがって住民と行政の総意であったと考えられます。

備讃瀬戸の島々一帯が幕府領になって以降は、全て豊島の表記が使われるようになっています。

〈延宝五年（一六七七）に幕府領になって以降の豊島の記載〉

①「小豆島網廻船御運上積帳[60]」延宝五年（一六七七）

（豊島が幕府領になった初年、幕府による小豆島の漁業関係の検地結果を記した帳簿。**豊嶋**家浦村、**豊嶋**甲生村、**豊嶋**唐櫃村と記載。長らく小豆島の役人が用いていた手島ではなく、**豊嶋**と記載）

②「小豆島田畑小物成惣寄帳[61]」延宝五年（一六七七）

（小豆島の田畑関係を検地した帳簿。**豊嶋**と記載）

③「甲生村年寄連署鯛網代約定書[62]」延宝六年（一六七八）

（土庄村庄屋の笠井三郎右衛門と豊島甲生村の年寄の間で交わされた書状。**豊嶋**と記載）

④「小豆島様子大概書[63]」寛延《かんえん》三年（一七五〇）

（幕府の財政を司る役所・勘定所が地検。**豊嶋**と記載）

⑤「伊能図[64]」文化《ぶんか》四年（一八〇七）

（幕府命令により伊能忠敬が作成。小豆島属**豊島**、土庄村家ノ浦・土庄村枝唐櫃村・土庄村枝甲生村と記載）

⑥「四国瀬戸内海航路図(65)」享保《きょうほう》一七年（一七三二）以降
（四国周辺の島々の航路図。**豊嶋**と記載）

⑦「日本山海名産図会(66)」延享《えんきょう》三年（一七四七）–寛政《かんせい》九年（一七九七）の間
（各地の名産品や製造法を書いた書。讃州**豊島**と記載）

①〜⑤は、幕府や庄屋が作成した公式な書簡です。これまで、公的地名として使用していた手島ではなく、豊島を公的地名として使用しています。

⑥⑦は、民間で使われた史料で、こちらも豊島と記載されています。どの文献や地図からも、手島の文字は消え、豊島に変わっています。

幕府の意向として公式に、漢字表記を「豊島」、読みを「テシマ」と定めたのです。

このようにして、豊をテと読む地名が、作られました。

時を経てだんだんと「トヨがテに転訛した」のではなく、幕府主導のもと人為的に「トヨをテに転化させた」のです。

■ 1677年に合併

島の分断と合併

豊島と手島が合併する頃、分断される島もありました。井島と大槌島《おおづちしま》です。讃岐国と備前国の国境は、今でも香川県と岡山県の県境として残っています。そのうち井島については、県境(67)問題を抱えたままです。

井島の県境が原因の一つとなって、香川県は都道府県で面積最小になってしまいました。大阪府が関西国際空港の人工島をつくったことが原因だと勘違いされることがありますが、これは間違いです。香川県が面積最小になったのは昭和六三年で、関西国際空港の人工島ができたのは平成三年です。

井島は、豊島と直島の間にある島です。南部は香川県直島町、北部は岡山県玉野《たまの》市が所管していて、南北で「井島」と「石島」とそれぞれ表記が異なります。表記は異なりますが、どちらもイシマと読みます。

島分断の歴史は江戸時代まで遡ります。讃岐国直島と備前国児島《こじま》の住民による二度にわたる裁判の末、井島に国境線が引かれることになり、別の名称が使われるようになりました。

もともと、井島は無人島でしたが、南部は直島の人々が採石場と周辺海域を漁場に、北部は児島の人々が宅地や農地として開拓して、周辺海域を漁場にしていました。やがて、漁場権を巡り、互いに領有権を主張して紛争が始まります。

元禄《げんろく》三年(一六九〇)と元禄一五年(一七〇二)の二度にわたる裁判を行った結果、南部は直島領、北部は児島郡領とすることが決まり、島に讃岐国と備前国の国境線を引くことで最終決着しました。(68)墨引と双方同意の印が押された裁許絵図(69)を発行して、境界線を明確に示していました。

ところが近年、江戸時代の裁判結果を翻《ひるがえ》すように、井島の領有権の問題が再発してしまいます。香川県と岡山県の法務局が管理する公図に、一部差異があることがわかりました。その部分が境界未定となり、それを解消するために、香川県直島町と岡山県玉野市が協議を行っていますが、現地に目標物などもなく、境界を明確にすることができないまま現在に至っています。

こうしたなか、昭和六三年に、国の面積を管理する国土地理院が、境界未定地域の市町村の面積を県の面積に算用しない方針にしました。県境未確定の井島を所管する直島町もこれに該当し、香川県の面積に算用しないことになりました。

これにより、全都道府県で面積最小の大阪府より一三・二〇平方キロメートルだけ大きかった香川県は、直島町の一四・二平方キロメートル分が差し引かれ、大阪府と逆転し、面積が最も小さい県になりました。

その後長らく、香川県の面積に直島町が算入されていませんでしたが、平成二六年からデジタルを用いて、より精度の高い測定方法を採用することによって、直島町の面積が参考値として香川県の面積に算入することになりました。[70] なお、大阪府は埋立地が大きく広がっているため、直島町の面積を含めても香川県が面積最小値の都道府県には変わりはありません。

ちなみに、香川県と岡山県の県境があるもう一つの島、大槌島は北部は岡山県玉野市、南部は香川県高松市が所管しています。漁場権を巡り、享保一七年（一七三二）に大槌島の所領地が南北に分断されています。

当時、備讃瀬戸の海域は、領有権がどこにあるのか曖昧《あいまい》な場所が多くありました。島としての領地の資源だけではなく、それを取り囲む海産の資源も魅力だったため、讃岐国と備前国、または藩との間では、井島の領有争いや大槌島の領地と漁業権の争いが起きました。その他にも塩飽諸島での漁場の争いなど、瀬戸内海での領地や海域をめぐる裁判が多発していた時代であり、島が合併したり、分断されたりしています。

こうした時代を経て今は、豊島の国境線は撤廃されています。

異なる二つの文化

豊島と手島の合併地名を裏付ける証拠は、史料以外にもあります。家浦と唐櫃では、文化がまるで違います。それは大きく分類して五点あります。

一、海の神様が別の神様である
二、八幡神社が二つある
三、社殿や例大祭《れいたいさい》の形式が違う
四、名字が違う
五、家紋が違う

一については先述しましたので、二～五について述べていきます。

二、八幡神社が二つある

日本で初めて八幡神社が創建されたのは神亀《じんき》二年（七二五）の宇佐神宮《うさじんぐう》とされていますす。その後、八幡神社がない島はないといわれるほど、瀬戸内のほとんどの島に建てられていきました。

八幡神社は、鎌倉時代に源氏が八幡神を信仰していたことで、全国に広がりを見せます。一集落に一つ八幡神社が建てられ、やがて集落の氏神になりました。

例えば、小豆島は五つの集落に分かれていたため、各地域に一つずつ計五箇所に建てられています。直島は島全体が一つの集落だったため八幡神社は一つだけ建てられています。

ところが、豊島には八幡神社が二つあります。

家浦八幡神社は嘉暦《かりゃく》二年（一三二七）に創建したとされています。この頃、豊島の中に二つの八幡神社が建てられました。家浦八幡神社と唐櫃八幡神社、この二つの八幡神社があることが東西に分かれた二つの集落があったことを証明しています。つまり豊島は一つの集落として統治されていなかったのです。島が一つの集落であれば、直島のように、八幡神社は一つだけのはずです。甲生に八幡神社がないのは、江戸時代まで家浦の一部だったからです。

家浦八幡神社のある字地名は「ウナキ（漢字表記は不明）」といいます。全国にウナキの付く神社は二箇所あって、一つは広島県の宇那木《うなき》神社は旧安芸国《あきのくに》、もう一つは大分県安岐町《あきちょう》の近くにある宇奈岐日女《うなきひめの》神社です(71)。両神社とも八幡神を祀っていて、家浦八幡神社は、どちらかの神社の影響を受けたと考えられます。

小豆島の八幡神社は、京都の石清水八幡宮《いわしみずはちまんぐう》から伝播したと肥土庄《ひとのしょう》八幡縁起に記載されています。その書物に唐櫃の地名が登場しているので、唐櫃八幡神社は小豆島を経由して京都から伝わったことがわかります(72)。

家浦は瀬戸内海の東から、唐櫃は瀬戸内海の西から伝播してきたのです。

三、社殿や例大祭の形式が違う

家浦と唐櫃の二つの八幡神社は、社殿様式がまるで違います。

家浦八幡神社は出雲大社《いずもおおやしろ》の社殿様式、唐櫃八幡神社は伊勢神宮《いせのじんぐう》の社殿様式に近いです。家浦は出雲の神を信仰する人々、唐櫃は伊勢神宮の神を信仰する人々の影響で別々に社殿が建てられたのです。

家浦八幡神社の本殿は、正面・側面・背面の四面に入母屋《いりもや》の妻《つま》を持つ建築様式で、妻側が正面になる構造で建てられています。これは出雲大社系統の様式で、大社関棟造《たいしゃせきむねづくり》といいます。しかも、全国には八万社もの神社がありますが、この社殿様式は全国に、香川県の金刀比羅宮《こんぴらぐう》と家浦八幡神社のたった二例しかない珍しい社殿様式です。

屋根は銅製で、千木《ちぎ》や勝男木《かつおぎ》、鬼板《おにいた》の装飾があります。神社の敷地にある古い祠も妻入の構造となっていて、出雲の神を信仰する人の影響下にあったように思えます。また、家浦の神社敷地にある「社日《しゃにち》」という五角形の石柱があるのも出雲系信仰の指標を表す一つです。[73] これは、家浦にはいくつかありますが、唐櫃には一つとしてありません。唐櫃八幡神社の社殿は、建物は妻《つま》と平《ひら》が二面ずつある建築様式で、正面から見ると屋根の形が矩形に見える横向きの流造《ながれづくり》の構造です。流造の中でも流れ部分が短く、伊勢神宮の神明造《しんめいづくり》に似ています。屋根は瓦葺《かわらぶき》(古くは桧皮葺《ひわだぶき》)で、両端には鯱《しゃちほこ》の装飾がありま す。[74]

家浦と唐櫃の二つの八幡神社では神紋も異なります。家浦八幡神社は「向かい鳩《はと》の紋」、唐櫃八幡神社は「八の字紋」です。

古代日本の交通の最重要拠点だったのは瀬戸内海でした。瀬戸内海の西から家浦に渡ってきた集団、瀬戸内海の東から唐櫃に渡ってきた集団によって、豊島に別々の集落を作っていたのです。

また、双方の八幡神社の秋の例大祭には、祭りの飾り山車《だし》の一種である布団太鼓が出されますが、この山車の形状や装飾も家浦と唐櫃では異なります。

布団太鼓は大阪湾沿岸を中心に瀬戸内海にも伝わる山車です。大阪で生まれた布団太鼓の祭りの形は、瀬戸内海を西に渡って九州北部にまで広がっています。布団太鼓の特徴は、茵《しとね》と呼ばれる巨大な座布団のようなものを逆四角錐型に五段積むことにあります。各地域で少しずつ形態が変わっていて、瀬戸内海の西部に伝わる瀬戸内海型と、兵庫県を中心に広まった兵庫型に分けることができます。兵庫型の布団太鼓は赤布で作られるシンプルなものです。瀬戸内海を西に布団太鼓が伝播していくにつれて、彫刻のような刺繍《ししゅう》や豪華な装飾が施されていきます。家浦は瀬戸内海型、唐櫃は兵庫型です[75]。

家浦八幡神社の秋の例大祭に使われるものは、瀬戸内海型です。縦に長い形で、長崎県のお祭り長崎くんちで出される山車のような刺繍装飾の布団太鼓を用いていています。黒地の布に、金糸銀糸を使って龍や波の文様が豪華な刺繍が施されていて、長崎刺繍を連想させます[76]。

唐櫃八幡神社の布団太鼓は、家浦の布団太鼓に比べるとやや横に大きい兵庫型です。赤地の布で、兵庫県で使われているような横に広い布団太鼓を用います。全体の高さは低く横に大きい形状です。小豆島とほぼ同じ形式なので、兵庫県から小豆島に伝わり、それが唐櫃に伝わったのでしょう。

祭りの進行では、太鼓台と神輿《みこし》が列をなして集落を練り歩く家浦八幡神社と、太鼓台と神輿が激しく坂道を昇降する唐櫃八幡神社の動作の違いがあります。

このように、豊島にある二つの八幡神社は、一見同じ神社のように思いますが、実は、そこに根付く神社の文化は大きく異なっているのです。

■家浦・唐櫃比較（八幡神社）

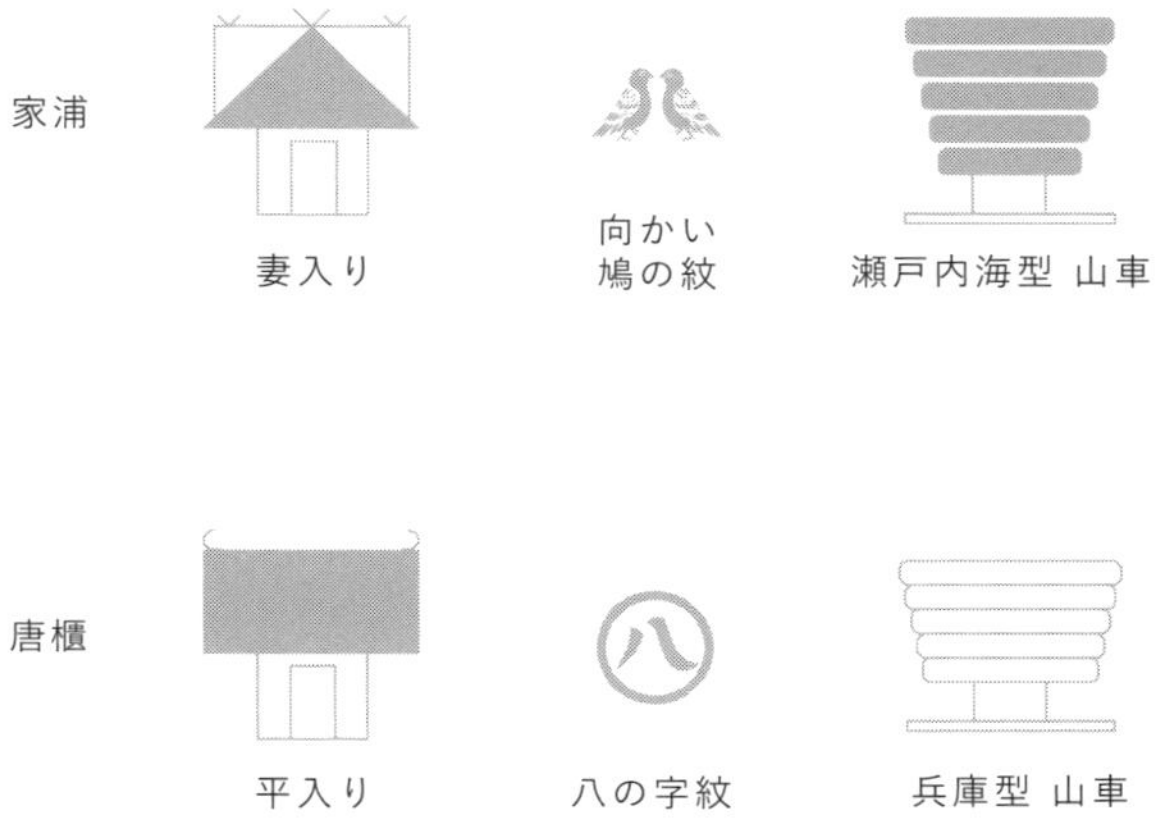
家浦
妻入り
向かい
鳩の紋
瀬戸内海型 山車
唐櫃
平入り
八の字紋
兵庫型 山車

四、名字が違う

一〜三までは、神社の違いでしたが、ここでは名字に着目します。豊島では集落によって名字が違います。

家浦は「安岐《あき》」「木村《きむら》」「緋田《あけだ》」が多い集落ですが、唐櫃にはそれらの名字を持つ人は一人もいません。逆に、唐櫃で多く使われている名字は、「高橋《たかはし》」「曽我《そが》」「美山《みやま》」ですが、家浦にはそれらの名字の人は一人もいません。(77)

豊島の多くの割合を占めているこれらの名字が、不思議なことに、家浦にある名字は唐櫃にはなく、唐櫃にある名字は家浦にはないのです。小さな島でありながら、これほど差があることは非常に珍しく、このような島は他にないと思います。

その理由は、豊島では家浦と唐櫃での集落間で、人的交流がほとんどなかったからだと思われます。

名字の「字」とは地名のことであり、江戸時代後期には、多くの人が名字を持つことになり、谷川や川口、田中など自分が住んでいる土地柄を名乗りました。移住者は出身地を名字に使いました。

　家浦に多い「安岐」の名字をもつ家系は、家浦の中でも沿岸部に集中しているのが特徴です。由来は、広島県の安芸国・大分県の安岐町・高知県の安芸市のいずれかの土地からの移住者によるものと考えられます。「緋田」は、村上《むらかみ》天皇の末裔《まつえい》の名家とされています。「木村」は家浦で最も古い家系です。「咲村《さきむら》」と「矢麥《やむぎ》」は、全国でも豊島家浦以外にほとんどいない珍しい名字です。「三宅《みやけ》」は崇徳《すとく》院（以下、崇徳天皇）が直島に配《はい》流《る》された時の宮家《みやけ》の末裔とされています。今は、家系が少なくなってしまいましたが、「片山《かたやま》」も崇徳天皇に伴ってきた名家です[78]。

　一方、唐櫃に多い名字の「曽我」は奈良県の曽我川で発祥した名字で、畿内から小豆島を経由して入ってきた名字とされています。「笠井《かさい》」という名字も多くあり、これも小豆島に多い名字です。「松田《まつだ》」は、唐櫃八幡神社の周辺に多い名字で、豊島に限らず神社周辺に多い名字です。

　曽我川生まれの「曽我」のように豊島への移住者は、出生地を名字として名乗っていました。その一方で、豊島から外に移住した人もいました。

全国には豊島という名字があります。その大体がトヨシマですが、鳥取県には珍しくテシマという名字の人が多い集落があります。江戸時代には、小豆島と山陰地方と輸出入の交流があった記録が残っていて、その頃の移住者が豊島と名乗ったのかもしれません。

岩手県大槌町には「小豆嶋」と書いてショウズシマの名字をもつ人の多い集落があります。「小豆嶋」は、江戸末期頃、小豆島を出航した塩の運搬船が難破して漂着し、そのままそこに定住した人々の末裔と伝わっています。

大阪府や秋田県には「直嶋」の名字をもつ人の多い集落があり、彼らもまた、江戸時代における移民者の末裔なのでしょう。

五、家紋が違う

家紋も家浦と唐櫃の集落では異なります。家紋は、平安中期に武家を中心として使われ始めました。名字や墓は男系の家系によって継承されていますが、家紋は一族または一門で継承されてきました。家浦と唐櫃では、一族や一門が異なっていたことを証明しています。

家浦では「違い鷹《たか》の羽」「剣片喰《けんかたばみ》」「星梅鉢《ほしうめばち》」の三種が特に多く使われていますが、唐櫃では多くの家が「三つ柏《がしわ》」を使用しています。家浦で多く使われた家紋は、唐櫃では少数派です。

家浦は、同じ名字を使う人が同じ家紋を使用していることが多いですが、唐櫃では名字に関わらず、同じ家紋を使用しています。

この背景には、平安末期に起きた治承《じしょう》・寿永《じゅえい》の乱（源平合戦）が関係しているでしょう。唐櫃には平安時代に活躍した平家の戦没者を祀る神社が二箇所あり、平家の言い伝えが多く残っていることから、平家方についた武家の一門が、「三つ柏」を使用していたと考えられます(79)。一方の家浦には、平家に関する言い伝えはありません。

豊島は主戦場ではなかったものの、周辺の島が源氏と平氏の戦いの舞台になっていて、治承・寿永の乱の兆候となった保元《ほうげん》の乱（保元元年、一一五六）では、平清盛と対立した崇徳天皇が直島に流罪《るざい》になり、屋島の戦い（元暦《げんりゃく》二年／寿永四年、一一八五）では、屋島で源義経と平清盛が合戦しています。

平家に味方した一族または一門の人々が集落を作っていたため、唐櫃では「三つ柏」の家紋を使う家が多いのでしょう。

平安時代や戦国時代に使われた一門の家紋を見ても、家浦と唐櫃では、人の交流が限られていたことがわかります(80)。

■家浦・唐櫃比較（家紋と名字）

家浦

違い鷹の羽

剣片喰

星梅鉢

安岐、木村、緋田、
堀、咲村、矢麥…

代表的な名字

唐櫃

三つ柏

高橋、曽我、美山、
児島、松田、三好…

代表的な名字

瀬戸内海の文化分岐点

豊島は香川県に属していますが、香川県の方言である讃岐弁を使用していません。豊島も小豆島と似たような方言を用います。小豆島は古くより関西と交流が深く、方言も関西弁に近いです。

もっともわかりやすいのが、「～から」という助詞です。中国、四国、九州など西日本の方言では「～けん」となります。例えば、標準語で「雨が降ってきたから、傘をさす」と言う言葉を、中国、四国、九州の方言を用いると「雨が降ってきたけん、傘をさす」となります。

香川県でも岡山県でも、「～けん」を使いますが、小豆島と豊島では「～から」という言葉を使います。豊島周辺の島の方言では、北の犬島《いぬじま》、南の男木島、西の直島では「～けん」を使います。

瀬戸内海における「〜から」と「〜けん」の方言の分岐点は、豊島なのです。豊島に備前国と讃岐国の国境線があったことを考えると、方言の分岐点は、豊島内の家浦と唐櫃の間にあったのだと考えられます。

もともと小豆島の一部だった唐櫃は小豆島の言葉を使用していました。家浦も小豆島の一部として扱われるうちに、だんだんと文化や方言も小豆島に近づいていったのでしょう。その名残のように、今でも家浦では岡山の言葉、唐櫃では小豆島の言葉を使うなど、若干の方言の違いが見られます。

また、方言だけではなく食文化も、瀬戸内海の分岐点になっています。

香川県は、言わずと知れた讃岐うどんが名物ですが、豊島はそれほどうどんを食す文化はありません。四国新聞社が香川県民に調査したところ、週に一度以上うどんを食べる人は九〇・五％という結果でした。多くの香川県民が讃岐うどんをとても身近な食事と感じています。

しかし豊島では、それほど馴染《なじ》みのある食事ではありません。麺類といえば、そうめんの方が主流で、食文化の影響は、香川県の内陸部よりも小豆島の影響を受けています。

小豆島は、そうめんが名産品で、その歴史は、江戸時代、小豆島の人が奈良の三輪そうめんを学び、それを小豆島に伝えたとされています。それと同じ頃に、香川県の内陸部にはうどんが広まっていました。

香川県の食文化のもう一つ大きな特徴は、正月の郷土料理の雑煮《ぞうに》です。香川では白味噌にあん餅が入った「あん餅雑煮」を食べます。

四国新聞社が行った調査では、あん餅雑煮を食べると答えた香川県民は「五二・一％」と半数を超えているのに対し、豊島と小豆島の一部の土庄町だけを見ると「九・七％」と一割にも達していません。同じ島嶼部《とうしょぶ》の直島町でも「二九・七％」とやや低めですが、それでも土庄町の数値は圧倒的に低い割合です(81)。

このように、うどんや雑煮など香川県を代表する食文化は、豊島には根付いておらず、むしろ方言と同じで、小豆島を通して畿内の影響が強いのです。

先述した通り、家浦と唐櫃は文化が大きく異なっていて、一つの島に二つの文化がある事が分かります。同時に、中国・四国・九州地方と近畿地方の文化分岐点が、豊島を境にしていることは、豊島が文化交流の起点だったかを物語っています。

■方言の分岐点

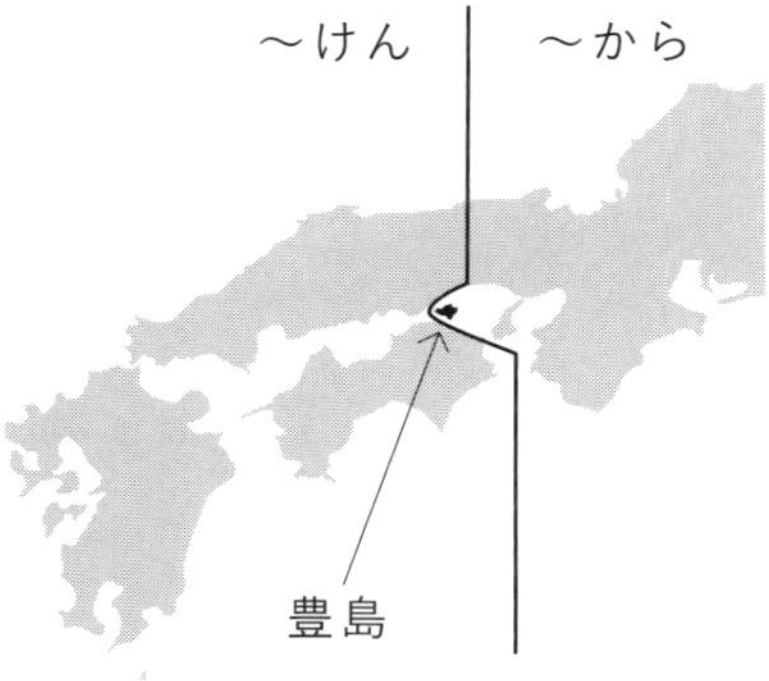

〈注釈〉

(01) 古事記（こじき）。日本最古の歴史書。稗田阿礼が誦習したものを太安万侶が文章化し、和銅五年に完成した。

(02) 土庄町誌編集委員会『土庄町誌　続編』平成二〇年、四三一－四三二頁
『小豆郡誌（大正十年香川県小豆郡役所編纂、復刻本）』名著出版、昭和四八年、第二編皇室恩栄、第二章鵜葺草葺不合尊御降誕地、六－七頁
角川日本地名大辞典編纂委員会『角川日本地名大辞典　37香川県』角川書店、昭和六〇年、五四二頁
香川大学豊島公民館 広報広聴部『豊島村誌』大正三年、一総説
香川県『香川叢書　第三』昭和一八年、五三六頁

(03) 前掲書(02)続編、四三二頁

(04) 前掲書(02)角川辞典37香川県

(05) 国土地理協会『JIS都道府県市区町村コードによる全国町・字ファイル（1～9）』国土地理協会、昭和六二年

(06) 香川県神職会『香川神社誌　上巻』昭和一三年、三三九頁

(07) 田中卓『住吉大社神代記の研究』国書刊行会、昭和六〇年、二六七頁

(08) 日本書紀（にほんしょき）。日本に伝存する最古の正史。天武天皇が命じて作らせたもので、養老四年に完成した。

(09) 『紙本墨書八幡菩薩遷座因縁起（小豆島伊喜末大木戸両八幡神社縁起）』伊喜末八幡神社蔵

(10) 有野村誌編纂委員會『有野村誌』昭和二三年、二二二頁

(11) 神戸市有野更生農業協同組合編『有野町誌』昭和六三年、五九一頁、四五七－四五八頁

(12) 『PLOT 04 西沢立衛』エーディーエー・エディタ・トーキョー、平成一五年、八三頁、写真

(13) 前掲書(06)上巻、三三九頁

(14) 三浦秀宥『荒神とミサキ―岡山県の民間信仰』名著出版、平成元年、二七頁

(15) 西村望『男木島の歴史』男木島の歴史出版委員会、昭和三三年、二八－二九頁

(16) 直島町史編纂委員会『直島町史』平成二年、一一八－一二〇頁

(17) 土庄町誌編集委員会『土庄町誌』昭和四六年、一一七頁

土庄町文化財保護審議会『土庄町の神々　第一部』平成二二年

(18) 香川県教育委員会『新修香川県史』昭和二八年、二五八―二五九頁、明光寺蔵正安四年十一月懸仏銘文

(19) 香川県『香川県史　第八巻　資料編　古代・中世史料』四国新聞社、昭和六一年、五〇一―五一一頁、近衛家文書 近衛家所領目録案

(20) 川野正雄・武田明『日本歴史地名体系第三八巻　香川県の地名』平凡社、平成九年、四四七頁

(21) 風土記（ふどき）。奈良時代初期の官撰の地誌。元明天皇の詔により各地方の国庁が編纂した。

(22) 前掲書(19)近衛家文書

(23) 前掲書(18)懸仏銘文

(24) 香川県教育委員会『新編香川叢書 史料編（二）』新編香川叢書刊行委員会、昭和五六年、二一八頁、土庄村庄屋笠井三郎左衛門同太郎右衛門譲状

(25) 前掲書(24)史料編二、二二二頁、某（但馬守）家臣連署状（折紙）

(26) 前掲書(24)史料編二、二二三頁、伏見奉行小堀政一書状（折紙）

(27) 前掲書(24)史料編二、二二四頁、小堀政一下代連署状（折紙）

(28) 前掲書(24)史料編二、二二一頁、某（但馬守）家臣連署状（折紙）

(29) 香西成資『南海治亂記』香川新報社、大正二年、南海治乱記巻之一七亂後編 老父夜話記、五頁

(30) 土庄町教育委員会『土庄町の文化財（改訂）』平成二八年、三〇頁、小豆島慶長古地図、土庄町蔵

(31) 前掲書(30)文化財、四二頁、慶長小豆島絵図及び正保小豆島絵図、個人蔵

(32) 前掲書(30)文化財、四二頁、慶長小豆島絵図及び正保小豆島絵図、個人蔵

(33) 臼杵市歴史資料館、資料データベース『瀬戸内海航路絵図』

(34) 高松市歴史資料館蔵『海瀬舟路図』寛文七年

(35) 前掲書(17)土庄町誌、三六九頁

(36) 前掲書(02)香川叢書第三、五三六頁
前掲書(17)土庄町誌、六一頁

(37) 前掲書(02)豊島村誌

(38) 豊玉姫神社社務所『豊玉姫神社略記』（鹿児島県南九州市知覧町郡）

(39) 中山克重『克重ばなし　男木島の歴史をたずねて』男木の歴史と未来を考える会

(40) 前掲書(02)角川辞典37香川県、一八九頁

(41) 前掲書(30)文化財、三〇頁、小豆島慶長古地図

(42) 前掲書(24)史料編二、二二八頁、豊島甲生村肝煎願書（折紙）

(43) 前掲書(24)史料編二、二三三頁、大坂船奉行同東西町奉行下代連署状（折紙）

(44) 香川県『香川県史　第十巻　資料編　近世史料Ⅱ』四国新聞社、昭和六二年、六三六頁、小豆島漁場関係文書　新儀網に付言上

(45) 前掲書(44)近世史料Ⅱ、六三六頁、小豆島漁場関係文書　海の分進退被仰付候控

(46) 前掲書(24)史料編二、二三五頁、甲生村肝煎連署鯛網代算用状

(47) 前掲書(44)近世史料Ⅱ、六三八頁、豊島漁師鯛網代請負算用覚

(48) 前掲書(44)近世史料Ⅱ、六三八頁、小豆島漁場関係文書　豊島漁師鯛網代請負一札

(49) 前掲書(44)近世史料Ⅱ、六三九頁、小豆島漁場関係文書　豊島漁師鯛網代請負一札

(50) 前掲書(44)近世史料Ⅱ、六三九頁－六四〇頁、小豆島漁場関係文書　豊島漁師鯛網場請負一札

(51) 香川県『香川県史　第九巻　資料編　近世資料Ⅰ』四国新聞社、昭和六二年、五四七頁－五五四頁、小豆島網廻船御運上積帳

(52) 前掲書(24)史料編二、二三六頁、甲生村年寄連署鯛網代約定書

(53) 前掲書(44)近世史料Ⅱ、六四一頁、小豆島漁場関係文書　豊島漁師鯛網場請負一札

(54) 前掲書(44)近世史料Ⅱ、六三七頁、小豆島漁場関係文書　豊島漁師鯛網場請負覚

(55) 前掲書(44)近世史料Ⅱ、昭和六二年、六四二頁、小豆島漁場関係文書　他国小手ぐり網不参様願一札

(56) 前掲書(24)史料編二、二三三頁、伏見奉行小堀政一書状（折紙）

(57) 前掲書(24)史料編二、二三四頁、小堀政一下代連署状（折紙）

(58) 前掲書(24)史料編二、二一八頁、土庄村庄屋笠井三郎左衛門同太郎右衛門譲状

(59) 備讃瀬戸。瀬戸内海のうちの岡山県（備前）と香川県（讃岐）の海域。

(60) 前掲書(51)近世資料Ⅰ、五四七頁、小豆島網廻船御運上積帳
(61) 前掲書(51)近世資料Ⅰ、五四三頁―五四七頁、小豆島田畑小物成惣寄帳
(62) 前掲書(24)史料編二、一三六頁、甲生村年寄連署鯛網代約定書
(63) 前掲書(51)近世資料Ⅰ、五六六―五六九頁、小豆島様子大概書
(64) 河出書房新社『伊能図大全　第三巻』平成二五年、一四六号
(65) 香川県立ミュージアム蔵『四国瀬戸内海航路図』享保一七年以降
(66) 平瀬徹斎『日本山海名物図会 五巻』塩屋卯兵衛、寛政九年
(67) 県境という言葉を使用していますが、法律上では県境という概念はありません。県とは市町村の集合体という定義なので、便宜上使用している県境とは、市町村境ということになります。県をまたぐ領地の紛争地の解決は、県同士ではなく、市町村同士の話し合いで決められます。今後、井島（石島）の土地の境が解決する場合、香川県と岡山県との合意ではなく、直島町と玉野市との合意になります。
(68) 前掲書(16)直島町史、三三五―三四六頁
(69) 前掲書(16)直島町史、三四五頁、「北半分が胸上村領になった裁許絵図」（三宅家文書）
(70) 国土地理院　ホームページ
過去に公表した面積調『第Ⅰ章面積調査の概要（昭和63年～平成15年）　PDFファイル』
過去に公表した面積調『昭和63年　PDFファイル』
過去に公表した面積調『第Ⅰ章「平成26年全国都道府県市区町村別面積調」の概要　PDFファイル』
過去に公表した面積調『平成26年（全国都道府県市区町村別面積調、市区町村別面積、香川県）　PDFファイル』
(71) 平凡社地方資料センター『日本歴史地名体系四五巻　大分県の地名』平凡社、平成七年、五〇三頁
(72) 前掲書(17)土庄町誌、三五七頁
(73) 村井康彦『出雲と大和―古代国家の原像をたずねて』岩波新書、平成二五年、二四四頁
(74) 前掲書(17)土庄町誌、三七一頁
(75) 森田玲『日本の祭りと神賑―京都・摂河泉の祭具から読み解く祈りのかたち』創元社、平成二七年、八三頁

(76) 大田由紀『長崎くんち』長崎文献社、平成二五年、九六頁
(77) ＮＴＴ西日本『ハローページ　香川県小豆島地区版』平成二七年
(78) 前掲書(02)豊島村誌
(79) 沼田頼輔『日本紋章学』新人物往来社、昭和四七年
(80) 丹羽基二『神紋』秋田書店、昭和四九年、二三一頁
(81) 文化庁『全国から集めた伝統の味　お雑煮１００選』文化庁文化財部伝統文化課・女子栄養大学出版部、平成一七年
『四国新聞』四国新聞社、平成二八年、一月一日、一面

〈参考文献〉

(01)『豊島の民俗　比較文化調査報告　第１号』徳島文理大学比較文化研究所年報編集委員会、昭和六一年
(02) 網野善彦・石井進・稲垣泰彦・永原慶二『講座日本荘園史９　中国地方の荘園』吉川弘文館、平成一一年
(03) 森潤『阿豆枳嶋神社』阿豆枳嶋神社奉賛会、平成一五年

第二章

古都の芸術

奈良興福寺の豊島

豊島には香川県指定の文化財が二つもあります。小さな離島に指定文化財が二つもあるのは非常に珍しいことです。今日、豊島美術館や瀬戸内国際芸術祭の開催もあって豊島は「芸術の島」として、世界中が注目する島になりました。ここ数年で芸術文化を構築した島のようにも見られますが、実は古くより優れた芸術を生み出していた島でした。

平安時代から室町時代に至るまで、豊島は興福寺の所領地でした。二つの文化財はその時代に作られたもので、一つは観音寺の《木造観音菩薩像《かんのんぼさつ》》、もう一つは家浦八幡神社の《八幡神社石鳥居》で、どちらも歴史ある貴重な文化財です(01)。

木造観音菩薩像は、鎌倉時代に興福寺で活躍した仏師運慶《うんけい》ら一派の慶派《けいは》による一定型の菩薩像の形をしていて、条帛《じょうはく》や裳《も》は平安時代末期の様式です。おそらく、運慶より少し前の世代、父・康慶《こうけい》が活躍した時代の奈良仏師によって作られたのでしょう。運慶や康慶が豊島を知っていたかどうかは知る由もありませんが、豊島の何らかの資産が興福寺の発展に寄与していて、逆に、豊島には奈良の都から、優れた芸術文化が持ち込まれていたのです。

では、なぜこのような芸術文化に富んだ寺院が、瀬戸内海の一離島を所領地に治めていたのでしょうか。年貢の収めが理由だとしたら、より広大な水田をもつ小豆島など他の地域を所領に治めていたはずですが、そうではなくそれは、豊島に限ったことでした。

この理由の一つとして、豊島で採れる豊島石があげられます。八幡神社石鳥居にも使われている豊島石は、鎌倉時代以降、全国各地の文化財に使われていて、重宝される素材でした。

平安時代から豊島は興福寺の所領地だったことからも、それまで着目されていなかった豊島石の芸術性に、いち早く気づいたのが興福寺の人々だったことがわかります。芸術作品を創造する技術もさることながら、素材の良し悪しを見極める鋭い眼力を持っていたのです。

豊島には、今でも石材屋が数軒残っています。かつては「豊島一〇〇〇軒、石工一〇〇〇人」と言われていたほど、石材業で賑わっていました。彫刻の技術力や芸術力は、鎌倉時代から豊島の文化として培われ、江戸時代には、桂離宮《かつらりきゅう》などの灯籠《とうろう》として使われました。

慶派が中心となって築きあげた鎌倉文化は、日本の歴史の中でも、特に優れた芸術を創出した時代でした。正倉院宝物や万葉集が作られた天平文化に匹敵するほどの日本を代表する芸術の時代と称されています。それほど芸術が華咲いた時代に、豊島は興福寺の所領地だったのです。

興福寺は奈良県奈良市にあり、古くより日本の芸術文化の中心を担ってきた存在でした。平安時代には、隣接する春日大社《かすがたいしゃ》の実権を手中に収め、その後も大和国《やまとのくに》を領するほどに拡大していきました。鎌倉時代から室町時代には、幕府は大和国に守護を置かず、興福寺がその任に当たっていたほど、国の根幹を担ってきた影響力のある寺院でした。

現在、興福寺には、《無着《むじゃく》・世親《せしん》菩薩立像》や《阿修羅《あしゅら》像》など、優れた作品が安置されていて、その多くが国宝や重要文化財に指定されています。国宝の彫刻の部門においては、二六件が興福寺にあり日本一の所有数です。それに加え、重要文化財も数え切れないほどあり、それらは、運慶ら慶派によって作られた仏像が多いです。豊島の仏像が、香川県指定の文化財に選ばれていることにも納得がいきます。

神仏習合《しんぶつしゅうごう》として興福寺とともにあった春日大社は、国宝が三一件と多数の重要文化財を所有しています。剱《つるぎ》や甲冑などの工芸品が多く、興福寺の彫刻とはまた違った芸術作品です。

興福寺も春日大社も、ユネスコの世界遺産に登録されていて、国の重要な文化財という位置付けに留まらず、世界にとっても重要な文化財と評価されています。

興福寺の芸術最盛期の時代に豊島が所領地だったことで、豊島に芸術文化が華咲いたのです。豊島の美仏がその歴史を物語っています。

運慶一派の仏像

木造観音菩薩像は、豊島家浦の観音寺に安置されています。榧《かや》材一本造りの内刳《うちぐ》りのない構造で、木のぬくもりも相まって、像そのものに生命が宿っているようです。これほどまで美しい姿を彫りおこす仏師の技巧は見事なもので、名の知れた奈良仏師が作ったことがわかります。

髻《もとどり》を高く結い上げ、腰をひねって立つ姿は、運慶らが築いた慶派による菩薩像の一定型となっていて、運慶も同型の菩薩像を作っています。衣文《えもん》は平安時代前期の翻羽式《ほんぱしき》の名残が見えますが、条帛や裳は平安時代中期までに流行した定朝様《じょうちょうよう》の浅く彫った薄衣《うすごろも》ではなく、平安時代末期に康慶らが作り上げた立体的に彫りあげる作風です。(02)

面持《おもも》ちからも平安時代末期の様式と比定でき、運慶の父・康慶の時代周辺のものか、慶派の基盤を作ってきた奈良仏師による制作とみて間違いないでしょう。奈良で学んだ仏師が、豊島の現地にて彫ったと考えられています。

慶派の特徴は、心を彫ることにあります。運慶は、表層にあらわれる容姿の美しさもさることながら心の表情を描き出しています。運慶は特に優れた芸術家ですが、弟子の快慶《かいけい》や湛慶《たんけい》、康勝《こうしょう》もそれを継承しそれぞれ優れた作品を残しています。

欧州を代表する彫刻家ミケランジェロがそうであったように、西洋の彫刻は、肉体の美しさや権力の象徴、力強さ、動きの美しさなど外的表現を追求しました。それに対し、慶派による彫刻は、静かにそっと佇み、思わず祈りたくなるような心を描く内的表現があります。内面を描く表現の魅力が表層に溢《あふ》れ出ているのです。

西洋の像は、肉体の力強さゆえ、権威を見せつけながらまるでこちらを監視しているかのように見えますが、運慶の作品はこちらの心を覗《のぞ》き、全てを見透《みす》かし私たちの精神を優しく包み込むようです。

現代の芸術鑑賞は、鑑賞者がそれを見る行為によって、鑑賞を楽しむことに価値を見出しています。したがって、作品の理解は鑑賞者に委ねられるため、鑑賞者が主であり、作品が従という主従関係が生まれます。

しかし、慶派の作品の前では、己は作品に見られているという逆の感覚に陥るのです。形態の美しさへの感動だけではなく、精神的な感動にまでおよぶ美しさがあります。明治の文豪、夏目漱石も独特の表現で運慶の作品を賞賛しています。『夢十夜(03)』には、こんな一文が登場します。

なに、あれは眉や鼻を鑿《のみ》で作るんじゃない。あの通りの眉や鼻が木の中に埋まっているのを、鑿と槌の力で掘り出すまでだ。まるで土の中から石を掘り出す様なものだから決して間違う筈はない。(一部引用)

これは護国寺《ごこくじ》の仁王《におう》像のことを言っていますが、これよりも美しく運慶の最高傑作と目されるのが、興福寺に安置されている《無着・世親菩薩立像》です。運慶の最高傑作であると同時に、日本の美術史上最高傑作であると言っても過言ではありません。

無着菩薩と世親菩薩は、法相宗《ほっそう》の祖師として尊崇された北印度《インド》の兄弟僧侶ですが、運慶の彫った二人の像は、明らかに日本人の顔つきをしていて、年齢や顔つきはまるで違います。運慶は、身近にいる偉大な僧侶に姿を重ねたと考えられていて、老年でしっかりとした骨格の無着像は西行《さいぎょう》を、壮年で丸みをおびた顔の世親像は文覚上人《もんがくじょうにん》をモデルにしたとも考えられています(04)。

無着は、強い信念と正義を持ち、全てを見透かすような慈しみ深い眼差しで、心の内面そのものを看破《かんぱ》しているようです。一方、弟の世親は慈悲に満ちて、寂しげな様子で何かを問いかけながら、遠くを見つめています。

どちらの像も、諦観《ていかん》を秘めていて、人々を清く正しい人の道へ誘うかのように佇んでいます。豊島の観音菩薩像も、凛《りん》とした立ち姿で、人徳の確信を知っている優しい眼でこちらの心を見つめています。

豊島の観音寺には他にも、閻魔《えんま》像や十王像などの優れた仏像がいくつもあります。家浦の眼明寺《がんみょうじ》には十一面観世音菩薩立像、明光寺の阿弥陀如来《あみだにょらい》立像など重要文化財級の寺宝が数点あるなど、豊島の寺院には優れた仏像が安置されています。

平安時代から、高い芸術作品を創出していた興福寺の所領だったが故に、豊島にはこのような芸術文化が華咲いていたのです。

香川県最古の石鳥居

家浦八幡神社には、香川県最古の石鳥居があります。県指定文化財に選ばれた貴重な歴史物です。

鳥居の左柱には「于時文明六天甲午霜月十五日《ときにぶんめいろくねんきのえうましもつきじゅうごにち》」、右柱には「本願次郎右衛門大工《ほんがんじろうえもんだいく》監物《けんもつ》」の刻銘があります。家浦庄の荘官であった本願次郎右衛門が、当地産の豊島石を使い豊島の石工に命じて、室町時代の文明六年（一四七四）に作らせたことがわかります。

この鳥居は、力強くどっしり構えた太い二本の柱が特徴です。笠木《かさぎ》と島木《しまぎ》は厚く、その下には軽快な貫《ぬき》があります。春日大社の鳥居に比類していて、春日大社を支配していた興福寺の所領時代の名残があります。

鳥居は、人の住む場所から神の住む神聖な場所に入るための、結界《けっかい》のような役割を担っています。特にこの鳥居は、豊島石の柔らかい表情もあって穏やかに人々を迎える優しさがあります。

豊島では古くより、花崗岩《かこうがん》と角礫凝灰岩《かくれきぎょうかいがん》の二種が産出されていました。特に、豊島産の角礫凝灰岩は「豊島石」として高い銘柄を誇っています。水に弱く風化しやすいですが、石質が柔らかいので火に強く加工しやすい良質な石です。

さらに豊島は石の産地であると同時に、石材加工業が発達していました。江戸時代にはすでに豊島石を扱う石材問屋が大阪に七軒もあったほど全国でも人気の高い銘柄でした[05]。

豊島石は、その柔らかさゆえに鑿や玄能《げんのう》を使って手作業での加工が可能であり、火に強い素材であることも相まって、灯籠に使う石として重宝されました。この豊島石で作る灯籠は、造形性の高さゆえに香川県伝統的工芸品の指定を受けています。

香川県指定の文化財の《白峯寺笠塔婆《しろみねじかさとうば》》にも豊島石が使われていて、香川県の文化財に留まらず、京都の桂離宮《かつらりきゅう》や二条城《にじょうじょう》、大阪の住吉神社にも豊島石の灯籠が現存しています。

また、豊島の人々は技術力も優れていて、明治には豊島出身の石材加工の職人が東京で土木会社を興し、国会議事堂や日本橋の工事に携わるなど多くの技術者を輩出しています。

さらに興味深いのは、鎌倉時代後期より春日大社には、参道に次々と石灯籠が奉納されるようになっています。室町時代に作られた灯籠の七割は春日大社にあるほど、灯籠でも有名な神社です。

春日大社に奉納された灯籠は、石灯籠が二〇〇〇基、釣灯籠が一〇〇〇基と総数三〇〇〇基にものぼり、工夫を凝《こ》らした文様の入った立派な石灯籠が数々残されています。そのいくつかの石灯籠には、豊島石と推定されるものがあり、豊島石の価値、ひいては、それを産出できる豊島の価値は甚大なものだったと想像できます。(06)

家浦には、春日神社が建てられていて、灯籠には春日信仰を象徴する鹿の文様が描かれていて、このことから興福寺の所領時代に春日信仰が広まったことがわかります。

木や石の豊かな資産が文化を育んだのです。春日大社に石材または灯籠を輸出していくなかで、そこに文化交流が生まれ、豊島でも芸術が隆昌《りゅうしょう》時代を迎えました。

木を彫る、石を彫る、土を彫る

このように、奈良の都との交流によって培《つちか》われた高い芸術文化によって、豊島では木を彫る技術、石を彫る技術が大成しました。彫塑《ちょうそ》するその文化性は世界に誇れるものです。豊島に木を彫って作った作品、石を彫って作った作品が生まれてから、時を経て、土を彫って作った作品が生まれました。それが豊島美術館です。

豊島美術館の工法は、木やコンクリートを積み重ねてつくる従来の建築ではなく、土を彫ることによって美しい形態をつくりました。興福寺所領時代より培われてきた豊島の彫刻芸術に通ずるものを感じます。

豊島の土は粘り気の少ない良質な土のため、土を盛ってつくる施工が実現に至りました。その建築は、夏目漱石が運慶の作品で表現したように、まさに大地に埋まった水の塊をそのまま彫りおこすようにつくり出されています。土を「掘る」のではなく「彫る」

というように、大地の美しさをそっくりそのまま浮かび上らせた彫刻作品といえます。

土を盛ってつくるという工法のひらめきに結びついたのが、日本の大仏制作でも実施されている鋳造《ちゅうぞう》技術です。まず土台となる美術館の型枠となる土を盛り、その上にコンクリートを流し込み、コンクリートが固まったら中の土を出すという工法です。

近年の建築ではまず使わない工法ですが、奈良の大仏でも実施された日本の伝統の鋳造工法です。[07] この伝統工法を生かし、世界初の建築に挑んだ建築家と施工者はまさに芸術家です。

近年の建築は、ダニエル・リベスキンド[08]やザハ・ハディッド[09]に代表されるように自然に対して威圧的な建築が多く見られるようになりました。しかし、大地を少しいじったくらいの豊島美術館の形態は、自然の温かみがあり、人々が無意識に受け入れやすいものとなっています。

日本には、生き物だけではなく小さな自然物にも生命が存在して、そこに神が宿っているという考えが根本的にあります。仏像や神像であれば、木を彫ることで、そこに生命の形が存在していることを再認識していました。石像とは違い、木は呼吸していて、生命力を秘めながら作品が生き続けているのです。

運慶の彫った作品を前にすると、心が包み込まれるような感覚になり、豊島美術館の作品にもまた同様の感覚を覚えます。作品名が意味する母型とは、自然の中に生まれてくるあらゆるものを受容する大きな器で、大自然のようなものを意味しています。尊い生命を包み込む母なる大自然の中で、鑑賞者は作品の一部になるのです。

豊島美術館の作品は、作品の中に生命を授かる受苦や歓びがあります。そこに置かれた環境からは土地の歴史性、湧き上がる水からは生命が生まれる歓びが感じられます。季節や時間によって作品は変化し、まるで作品そのものに感情があるようにも見えます。晴れ渡る春の優しい気候の際には穏やかな表情で、雷鳴と激雨が水を強く打つ日には悲憤のような表情にも見えてきます。

豊島にある優れた木の彫刻（仏像）、石の彫刻（石鳥居）、土の彫刻（豊島美術館）の作品は、自然を彫って作った作品です。時代は違えども、豊島の自然の中で作られました。

これらの芸術作品を見ることで、芸術の背景にある芸術を知り、豊島をより堪能できるものと思っています。

自然の美、日本の美

このように豊島では、稲作や農作業、石材加工、作品制作にわたるまで、ものづくりが繁栄してきました。自然美、多島美が望める美しい瀬戸内の環境下で、日常生活の中で常に美しさに触れることで、美への感性が磨かれていたのです。

瀬戸内の海と多島美の風景は、古くから国内外の人々によって賞賛されています。日本最古の書物である古事記には、瀬戸内海にまつわる物語が描かれ、江戸時代には、歌《うた》川《がわ》広重《ひろしげ》が浮世絵《備前田ノ口》で直島らしき島を背景に、瀬戸内海の景色を描いています。また、海外ではシーボルト[10]が著書『江戸参府紀行』の中で瀬戸内の美を嘆賞するなど、数多くの欧米人から高く評価された自然景勝地でした。瀬戸内海という概念が確立されたのは、明治時代に欧米人がこの海域をThe Inland Seaと呼んだのを、日本人が瀬戸内海と訳したことが始まりとされています。

今、瀬戸内海は、観光や芸術鑑賞を目的に訪れる人で賑わっています。そして改めて、瀬戸内の風光明媚な島々の景色や伝統的な風習や町並みが評価されています。

都会の生活が近代化していくにつれ、住宅や職場は高層ビルの中に入り道路は地下に埋もれ、外気にも触れないような生活になりました。近年、都会で暮らす人が、豊島に美術館を目的に訪れ日本の原風景が残る瀬戸内の風景の美しさを知り、忘れてしまった自然の重要さに気づいています。FacebookやInstagramなどのＳＮＳでは、豊島美術館の写真に併せて瀬戸内の海の風景の写真を公開している人が多く見受けられ、芸術を目的に来島した人が瀬戸内の風景美を堪能していることが窺えます。

豊島美術館は、これまでの美術館の常識を覆したように見えますが、突然突拍子《とっぴょうし》もない全く新しい発想でつくられたわけではなく、一〇〇〇年前に作られた大仏という巨大造形物と同じような工法でつくられました。大仏も豊島美術館も、新しい建築をつくりたいという日本人の挑《いど》みがありました。そこには、日本人としての根源的な感受性や自然に対する精神的なものが感じられます。日本の文化を創造してきた作家も、自然と向き合い葛藤しながら芸術作品を作り上げていました。

日本の美術は自然との対話の中で生み出されています。特に工芸は、自然の魅力を最大限に生かすように制作されています。自然の美しさに人が手を加えすぎないことで、自然の魅力を引き出そうとしました。そのため作品には、自然の深い美しさが存在しています。自然と共存する生活の中で、自然に対して敬意と敬愛の念をもって作品が作られていたのです。

自然とともに芸術を育んできた日本の芸術は、一万年前に作られた日本の芸術作品からもみることができます。日本列島における最初の象形表現に、縄文土器《じょうもん》と土偶《どぐう》があり、それは日本人が最初に作った芸術作品です。

縄文土器には、水や火、風などの自然の森羅万象《しんらばんしょう》を単純化した、渦巻き紋様が描かれています。森の護りを象徴する動物の姿も見え、自然の力を取り込もうとしたのでしょうか。

ちなみに、縄文土器には食べ物を煮炊《にた》きした痕跡が残っています。これは世界で最も古いものです。世界で初めて料理をしたのが、日本人ということになります。(11)

土偶は、乳房がありお尻が大きい子供を身ごもった母親の姿をしています。一万年以上前の縄文時代から、自然に対する畏敬《いけい》、または子供を生む母親という神秘性を表現し祈りを捧げていました(12)。

また、縄文時代の建物は円形の竪穴式《たてあなしき》住居でした。作り方は、まず円形の土台を作り、そこに柱を立て、藁《わら》を敷き、最後に土をかぶせます。壁と屋根は同一のもので作られている建築です。

豊島美術館の作品は、内藤礼《ないとうれい》の《母型》という作品で、万物の母なる自然を受容するものという意味が込められています。建物は西沢立衛《にしざわりゅうえ》設計による土を盛ってつくる円形のシェル構造(貝殻構造)です。新しい芸術の概念として高い人気を博していますが、すでに一万年前の日本列島ではそれと同じような、建築がつくられていました。縄文時代の「縄文土器・土偶・竪穴式住居」と豊島美術館の「自然を受容するもの・母型・シェル構造」とは、本質的には同じものだと思います。

時代や表現方法は異なりますが、日本人の基本的な芸術観は、自然を畏敬しその本質を捉えようとしたことにあるのではないかと思います。

自然を礼賛した工芸

自然に対する畏敬の念は、日本の根源的な価値観として見ることができ、美術の制作にも置き換えることができます。染織、漆芸、陶芸などの工芸では、自然には生命が存在していて、その生命を大切にしながら美を創り出してきました。日本人にとっては、自然こそが至極《しごく》の美でした。それが工芸です。

狩猟民族の西洋では、美術作品の素材に羊皮やガラス、石を使い人が自然を支配しながら造形の美しさにこだわりを持ち、煌《きら》びやかな装飾を好みました。日本美術にも箔《はく》や螺鈿《らでん》が施されていますが、西洋のような煌びやかさではなく、荘厳さを演出するものです。農耕民族の日本は、自然を支配することなく、むしろ自然に神聖なものを感じ、自然とともに生きることを選びました。そのため美術作品の素材は、木や草から採《と》りました。それも、森の草木を根こそぎ伐採して素材を得るのではなく、木は間伐材、草木は少しだけ採るという謙虚な心で素材を得てきました。自然から美を頂くことは、森林に光と風を与え、森を育てる相乗効果があったからです。

漆芸は、木の表情を生かす芸術で、湿度や季節とともに制作します。陶芸は、土の表情を手で感じながら火を焚《た》いて焼きあげます。染織は、養蚕《ようさん》や綿栽培で糸を作り、自然から頂戴した色で染めました。

どの表現方法も人が自然を手で触れながら、一つとして同じ表情のない自然物の魅力を引き出しました。素材そのものの美しさを愛《め》で、肌で感じながら、それを知ろうとしました。整った美しさより少し形が崩れたくらいに美しさを見出したのは、その自然素材の良さがあったからです。

ただ、このような美しさの価値観が根付いていたのにもかかわらず、近年は、芸術の現場においても、世界が近代合理主義の流れに乗ってしまっているのが現状です。

化学素材や化学塗料で作られることが主流になったことによって、自然素材が減り、自然との乖離《かいり》が進んでしまいました。制作現場では、機械の導入が進んだことによって、作品一つひとつに有り難みが失われていきました。

生命と色彩

ここで、古き良き日本の美術が失われつつある現代でも、工芸の心を貫き制作している染織家、志村ふくみを紹介します。

志村ふくみは、紬織《つむぎおり》を専門とする染織家で、自然への尊崇の念を持って制作しています。自然から色をいただく謙虚な心で制作する姿からは、日本の風土のなかで培われてきた自然と人との対話を知ることができます。彼女の制作で一貫して大切にしていることは、植物染料、絹糸、手仕事の三つで、草木の自然染料で絹糸を染め、手織で色彩豊かに織り上げています。

彼女は、昭和六一年に紫綬褒章《しじゅほうしょう》を受章、平成二年に紬織の重要無形文化財保持者（人間国宝）に認定、平成二七年に文化勲章を受章しています。

志村ふくみを重要無形文化財保持者に認定するために紬織の部門が新設されました。

それまで農作業着としての価値しかなかった紬織を、芸術の域に高めたのは、彼女の大きな功績です。単なる紬織の制作に留まらず、植物染料について深く研究し、自然を知り自然から学び、自然との共生を思索し続けていることが認められました。

志村ふくみは著書『一色一生』(13)の中でこう語っています。


こちらの心が澄んで、植物の命と、自分の命が合わさったとき、ほんの少し、扉があくのではないかと思います。こちらにその用意がなく、植物の色を染めようとしても、扉はかたく閉ざされたままでしょう。(一部引用)

自然への敬意を持ち謙虚に向き合っているため、植物は志村ふくみに美しい色を与えるのでしょう。草木の自然染料で糸を染める彼女は、色を作るという表現はしません。色をいただくといいます。植物には生命があり、色として現れた木の精を染めるのです。同じ植物でも季節や生育環境が違えば、異なった生命の色があるため、彼女の作る色には一つとして同じものはありません。

草木染めは、同じ植物で染めても毎回同じ色が得られるわけでもなく、季節や地域によって違い、植物と常に新しい気持ちで向かい合う必要があります。それゆえに、植物由来の染料を基本とした日本には、色の名前が多く、百の植物には百の色が存在し、鼠色や茶色だけを取っても四十八茶百鼠と言われるほどの色の名前があります。

日本の色は単なる色彩ではなく、奥深くに植物の生命、季節、風、音、匂いがあります。そこに壮大な自然が凝縮されていて、植物が色を奏でるのです。

志村ふくみは、染糸にもこだわりを持っています。糸は蚕が作った屑繭《くずまゆ》からつくった真綿《まわた》を引き伸ばして紡《つむ》いだ紬糸《つむぎいと》で、これを平織《ひらおり》に織ったものが紬織です。

植物繊維は、糸に空気があり自然に呼吸しているため、しなりがあります。糸が生きていて、植物由来の色を迎え入れてくれます。一方で、化学繊維は、糸に空気がなく固く閉ざしたままです。自然由来の植物染料の色を迎え入れようとはせず、染めることができません(14)。

世界は近代合理主義、大量生産大量消費の方向へ進み、美術界では化学染料が台頭したことで、色は自然との対話を止め、季節を問わなくなり、いつしか人は色への敬意がなくなりました。機械化が進み、制作現場から手作業は減り、作品の中に手肌の温もりも消えつつあります。

美術館は、作品にとって最大の敵である湿度や日光、虫、動植物などあらゆる自然から遠ざけるために、建物の中に作品を隔離しました。

しかし本来の日本の美術は、自然と結びつきが深く、作品を自然に持っていくと美しさが増します。自然景とともに美術を愛でる鑑賞方法があり、季節の風情《ふぜい》とともに楽しむ「用の美」がありました。

自然との共生のなかで育んできた日本美術が次第に失われつつあるなかで、美の本質を追求する志村ふくみの制作の姿は、自然と美術の深い関わりを教えてくれます。

豊島美術館の作品は、現代美術と評されますが、そこには、志村ふくみの工芸作品のような自然との対話があります。

自然の本質を描く

日本美術が、自然とかかわってきたということを、工芸を例にして述べてきました。では絵画にはどのように自然とのかかわりが表現されてきたのでしょうか。日本人の自然に対する意識を象徴する作品として、鎌倉時代頃に描かれた国宝《那智《なち》瀧図《たきず》》があります。

縦幅一六〇センチにもなる大作には、樹林に囲まれた断崖絶壁を直下する大瀑布《だいばくふ》を一糸乱れぬ謹直《きんちょく》な筆線を重ねて描かれています。上部には鬱蒼《うっそう》と茂る森林の那智山に輝く日輪（月輪）、下部には拝所と卒塔婆《そとうば》、これにより滝への信仰を描いていることがわかります。

那智山には森林の描写と滝下の杉の大樹を丁寧に描き、懸崖《けんがい》には、墨と金泥《きんでい》のぼかしで陰影を施し、点苔《てんたい》など優れた技巧で写実しています。それらの写実によって、抽象表

現の純白の滝に更なる緊張感がもたらされ、美しさが際立っています。(15)

一見すると滝のある風景画のように見えますが、情景の美しさを描いた風景画とも一線を画し、滝が仏の化身として現れた姿を描いた熊野曼荼羅《くまのまんだら》の一種、垂迹画《すいじゃくが》と理解されています。那智の滝は、古くから神仏の信仰の対象として崇敬され、しばしば曼荼羅絵などにも登場しました。

多くの作品では垂迹画は、神の姿を仏の化身とした偶像やそれを伝えるためにアトリビュート(持物《じぶつ》)が描かれますが、この作品では純粋に滝のみが描かれています。

大自然が生む神秘的な姿と、熊野参詣《さんけい》の困難さが仏教の修行と重なり、人々の目には神仏の姿として映りました。これは日本独特の神道と仏教が同一視される考え方です。

古《いにしえ》の日本人は、晴日が続けど止まることなく、生命力漲《みなぎ》るその聖水に神仏を感受して祈りを捧げました。その滝の姿を写した《那智瀧図》も同様、万物の生命の源となる水に対する祈りが込められています。

制作者不明で描き手の意図が明解ではありませんが、自然神を描いた神道画とも、仏の化身を描いた仏教画とも理解されています。

絵画としては、抽象画とも具象画とも、理解することもできるでしょう。画面に大胆な一筋の滝を描いたやや抽象的な表現ですが、繊細な表現で木々や崖の自然景を描いた具象的な表現でもあります。また、見る人によっては風景画にも見えるでしょう。人によって見方が異なる作品であり、感受の仕方は鑑賞者に委ねられます。

しかし、この作品の本質は、抽象画や具象画のような絵画の表象に現れる意匠《いしょう》的絵画としての成立よりも、奥深いところに秘めた祈りが存在していることに意味があると思います。

滝が自然神または仏の化身に見方が分かれると、滝にかかる丸い輪が太陽または月に解釈が分かれます。神職に見せるとこれは太陽だといいますが、住職に見せるとこれは月だといいます。神道画として見ると生命に恵を与える太陽ですが、仏教画として見ると死後の世界を象徴する月であるということのように、鑑賞者によってその絵の中身が変わるのです。

那智山の山頂には草木が生い茂り、金箔で施された日輪はきらめき、生命の根源となる水が湧き、漲る生命力を得た大木が立木する姿から、神道の水への拝礼として、太陽を描いたと理解できます。また、拝所と卒塔婆が描かれていることから仏教を連想させ、那智山にかかる月輪が滝を照らし出しているようにも理解できます。日輪か月輪かに見方が変わると、白昼を描いたものか深夜を描いたものか、これもまた違って見えます。

他の那智の滝を描いた作品では、太陽としても月としても描かれています。

那智曼荼羅には、滝に太陽がかかる姿が描かれています。[16] 画中右の滝にかかる太陽と対照的に、左の寺院には死後の世界を象徴する月がかかっていて、生と死が表現されているのです。

一方、西行は那智の滝に月の情景を詠みました。

雲消ゆる　那智のたかねに　月たけて　光をぬける　滝の白糸（山家集[17]）
（那智の高嶺の雲が消えて　月が明々と冴え渡り　純白な一糸の滝の中を光が照りぬける）

《那智瀧図》は、神か仏か、太陽か月か、朝か夜か、具象画か抽象画か、あるいは風景画か垂迹画か、いずれでしょうか。様々な見方ができ、それに対しての明確な答えは必要とせず、見る人の感受の仕方に委ねられます。一糸の滝の姿に広大な慈悲を感じることができるのが、この作品の魅力です。

キリスト教社会から生まれた西欧の美術は、神の姿を人間の姿で表したのに対して日本の美術は、《那智瀧図》ように信仰の対象として御神体である自然を描きました。日本の美術で描かれた自然景は、単に自然を描いたものではなく、神仏が棲《す》む姿としての自然であり、絵画の中に祈りを捧げました。

一般的に作家は美術品の中で、画中で伝えたいことを説明することで、作者と鑑賞者の間に共通の認識を保とうとします。作家は絵に何を描いたのか理解を求めるようにアトリビュートを用いて説明しています。鑑賞者は作者側の視点に立ち、何を表現し、どう解釈すべきかと、作家の意図を知ろうとします。特に、現代美術における作品鑑賞は、作者の表現を理解することに躍起になります。

もしくは、作品を見たという行為の満足感で作品鑑賞が完結してしまいます。作品の中に「私」すなわち作家の個人的表現が存在し続けているからです。しかし、《那智瀧図》はすでに作者の域から離れていて、「公」のための祈りが存在しているのです。

豊島美術館では、鑑賞者は作家の制作の意図をくみ取ろうとはせず各々の理解で完結します。完成前には内藤礼の「私」が存在していたものが、作品完成と同時に作家の「私」はなくなり鑑賞者のための「公」の存在になりました。《那智瀧図》のように作品の意図を理解する意味はなく、作家の意図も知らないほうが鑑賞を堪能《たんのう》できます。それをどう理解するのかは、鑑賞者の心に委ねられ、個人と自然との深い対話があることに意味をもちます。

豊島美術館の作品は神仏を主題として表現したものではありませんが、自然には神が宿るという日本人の根底にある価値観が見てとれます。小さな自然にも生命があることを知り、日本美術と同様にその自然の神秘を知りたいと思うのです。

瀬戸内海と古事記

自然の美しさは、芸術作品だけではなく文学作品にも描かれました。奈良時代に、日本で初めて書物が作られました。「古事記」と「日本書紀」です。どちらも日本の神話や歴史が書かれています。豊島の隣の小豆島や周辺の島々が登場します。また、島の名称由来となった豊玉姫も登場します。

そこに、日本人としての基本的な自然観をみることができます。

古事記は現存する日本最古の歴史書で、日本書紀は国家的事業として公式に編纂された書物のため日本の正史とされています。古事記と日本書紀は合わせて記紀と呼ばれていて、この二つの歴史書から、日本人の自然に対する基本的な価値観を見ることができます。

古事記は、奈良時代の元明《げんめい》天皇の御世の和銅《わどう》五年（七一二）に編纂されました。これは稗田阿礼《ひえだのあれ》が誦習した内容を太安万侶《おおのやすまろ》が文章化し、天皇に献上したもので、文体は、漢字を利用してやまと言葉を表記した万葉仮名が利用されました。

例えば「山」という漢字であれば、漢字音ではサン、やまと言葉ではヤマと発音されるので、一つの漢字に音読みと訓読みの二つの音を当てはめることにより、日本語の原型となるものが誕生しました。

日本書紀は、天武《てんむ》天皇が命じて作らせたものです。古事記をより詳しく書いた内容で、養老四年（七二〇）に完成しました。漢語で書かれているため国外向けの歴史書と理解されています。古事記は個人が作成したもの、日本書紀は国家が作成したものという位置付けです。

ちなみに、東京五輪が開催される平成三二年（二〇二〇）は、日本書紀の編纂から一三〇〇年の年回りです。これまで開催された五輪の開会式の演目は、国の歴史を題材にすることが多いですから、日本書紀が採用される可能性があります。

それが実現すると、小豆島の付属の島として存在していた豊島も登場するという期待が持てます。

記紀は全国の神様を、親子や兄弟として血縁関係で結び、伊勢、出雲、三輪山《みわやま》など、各地の国と信仰を物語の中で一つにまとめました。このことにより、戦争を経ずに大和《やまと》朝廷《ちょうてい》を中心に国家を統一し国民は一つにまとまりました。記紀の記述通りにみると二六七〇余年前に神武天皇が即位して日本国を建国以来、王朝交替は一度もなく、日本は現存する世界最古の国家ということになります。

国と国民の統合の象徴が天皇です。大日本帝国憲法と日本国憲法の第一条に、記紀の精神が書かれていることからも、記紀が国にとっていかに重要な書物かということもわかります。

物語は「天地が初めて発《ひら》けた時、高天原《たかあまはら》に成ったのは天之御中主神《あめのみなかぬしのかみ》……」と話が始まります。すなわち、はじめに自然があって自然から神が生まれます。それに対して聖書では、神が現れてから天地を創造し、そして人が自然を支配するように描かれていますす。そこに日本と西洋の自然に対する根本的な違いがあります。

物語の序盤には、伊邪那岐神《いざなぎのかみ》と伊邪那美神《いざなみのかみ》の二柱《はしら》による国（島）を生む話が描かれていて、その舞台は瀬戸内海の島々です。

まず、淤能碁呂島《おのごろじま》を拠点にして一四の国を生んでいきます。最初に、淡路之穂之狭別島《あわじのほのさわけのしま》（淡路島《あわじしま》）を生み、続いて、伊予之二名島《いよのふたなのしま》（四国）、隠岐之三子島《おきのみつごのしま》（隠岐諸島《おきしょとう》）、筑紫島《つくしのしま》（九州）、伊岐島《いきのしま》（壱岐島《いきのしま》）、津島《つしま》（対馬《つしま》）、佐度島《さどのしま》（佐渡島《さどしま》）、大倭豊秋津島《おおやまととよあきつしま》（本州）を生みました。

そして、吉備児島《きびのこじま》（児島）、小豆島（小豆島）、大島《おおしま》（周防大島《すおうおおしま》）、女島《ひめじま》（姫島《ひめじま》）、知訶島《ちかのしま》（五島列島《ごとうれっとう》）、両児島《ふたごのしま》（男女群島《だんじょぐんとう》）の六つの島を生みました。

豊島からは、これらの島々が一望できます。北には児島と本州、東には小豆島と淡路島、南には四国が見えます。豊島では、古の原風景がそのまま残っていて、記紀の世界観を実際に見ることができます。

小豆島であれば阿豆枳嶋《あずきしま》神社が現存していて、その名称から島そのものを神として祀っていたことがわかります。豊島には豊玉姫神社があります。

国生みの物語以外にも、記紀には、瀬戸内海の島々や海路が多く登場します。

高天原から葦原中国《あしはらのなかつくに》（日本）の高千穂《たかちほ》に降り立った天照大御神《あまてらすおおみかみ》の孫にあたる番能邇邇芸命《ほのににぎのみこと》は、天照大御神から三種の神器を賜り、稲を地上で作るようにと託されました。

現在でも、三種の神器は皇位の証として代々継承され、稲の豊作は天皇の祈りの中心として、神話が生きている国です。

また、天照大御神から神武天皇に至るまでの系譜を持つ、神の名は、天之忍**穂**耳命《あめのおしほみみのみこと》、**番**能邇邇芸命《ほのににぎのみこと》、**火**遠理命《ほおりのみこと》、鸕草**葺**不合命《うがやふきあえずのみこと》と、稲穂（葺《かや》はイネ科）を表す「ホ」の言葉が付けられています。神の世から人の世に通ずるものが稲穂だと考えられていて、毎年秋に開催される日本各地の神社の祭りが米の豊作を祈っているのは、記紀に描かれた神話が生きているからです。

神武東征《じんむとうせい》の物語で神武天皇は、平和に天下を治める場所を求めて、日が昇る東の方に向かうことにしました。日向《ひむか》を出発し、大分県宇佐市、福岡県北九州市、広島県府中町、岡山県児島に滞在しながら、瀬戸内海を東へと進みました。九州から見て瀬戸内海の最果てともいえる畿内に到着すると、神武天皇はそこで即位し国家を樹立しました。

番能邇邇芸命が天孫降臨の際に、九州に降り立った意味は、瀬戸内海を渡ることに意味があったといえます。瀬戸内海は、九州や中国、四国、近畿を繋ぐ中心的な場所で、中国大陸に通ずる貿易道でもありました。

このように、記紀の中からは、日本の神話や歴史だけではなく、日本人の自然との関係性を読み解くことができます。記紀の物語では、神は自然から生まれ、自然は神から生まれます。日本人は自然を神の棲むものと崇高し、大自然だけではなく、木の枝や葉一つにさえ神を感じ、自然の全てを敬愛してきました。

人の顔の名称には、眼《め》（芽《め》）、まつ（松《まつ》）、鼻《はな》（花《はな》）、歯《は》（葉《は》）、歯茎《はぐき》（葉茎《はくき》）、耳《みみ》（実《み》）、頬《ほお》（穂《ほ》）、眉《まゆ》（繭《まゆ》）など植物由来の名称がつけられています。

そのことからも、日本人がいかに自然を敬愛してきたかわかります。自然の中に人が参加し、その自然の法理に人は従おうとしたのです。

自然とともに生きる

日本は、神社を中心に文化が形成されてきました。各地で神様は異なりますが、山や海、木など自然神が祀られています。

全国に八万ある神社のうち、その中心となるのが伊勢神宮です。

伊勢神宮とは、三重県下にある一二五社の神社の総称であり、正式名称は「神宮」です。他の神宮と混乱を避けるため、便宜上「伊勢神宮」と呼ばれています。

伊勢神宮は、天照大御神を祀る日本の中心的な神社です。天照大御神は、太陽神です。素木《しらき》で作られた社殿には、無駄な装飾は一切なく自然の中で自然の一部であるかのように佇んでいます。

御神体は三種の神器の一つの八咫鏡《やたのかがみ》です。八咫鏡は、かつて宮中の天皇の傍にありましたが、第十代崇神《すじん》天皇の御世に、神器の尊貴性を保つ目的もあって、太陽の昇る土地かつ海や山の幸がある神聖な伊勢の地に移したと日本書紀で伝えられています。他の三種の神器である八尺瓊勾玉《やさかにのまがたま》と天叢雲剣《あめのむらくものつるぎ》（通称、草薙剣《くさなぎのつるぎ》）は、それぞれ宮中と熱田神宮に安置されています。三種の神器が揃うのは、天皇陛下が伊勢神宮に参向される時のみであり、そこから神宮の重要性を窺《うかが》うことができます。

伊勢神宮の最大の特徴は、二〇年に一度、社殿を全て建て替える式年遷宮《しきねんせんぐう》です。社殿だけではなく、神宝御装束《しんぽうおんしょうぞく》や調度品《ちょうどひん》など全てのものを作り変える制度であり、戦国時代に一二〇年ほどの間、経済状況などの理由で建物の一部を修繕する程度の仮遷宮で耐えた時期もありましたが、一三〇〇年もの間、二〇年に一度社殿を建て替え続けています。神様に、常に若々しく鎮座していただくための常若《とこわか》の精神で保たれてきた文化です。二〇年という年の意味は諸説ありますが、保存米である糒《ほしいい》の保存期間が二〇年だという説が有力視されています。[18] 一二五社もの神社のほとんどを一度に全て建て替えるため、一回の式年遷宮には、材料や雇用などに五五〇億円ものお金がかかります。

昔は、お米をお金として使っていたため、「お金がかかる」と言うより、「お米がかかる」事業でした。お米を糒にして備蓄できる期間が二〇年で、それを一度に支払えるというものです。

式年遷宮を終えたばかりの檜《ひのき》が香る黄金色の社殿は、時を増すごとに燻《いぶ》し銀《ぎん》の美しさになります。

西洋では、他国からの侵略や風化を防ぐために石の建築がつくられました。二五〇〇年前に作られた古代ギリシャのパルテノン神殿は、今や朽ち果てた姿をしていて、かつての姿形はなく遺跡となっています。

敵からの侵略はなくとも自然災害が多い日本では、いつかは崩れることを念頭にして、建物を建て替える前提で建造物を作ってきました。

伊勢神宮では二〇年に一度、全く同じ社殿に建て替えます。その結果、二〇〇〇年もの間、社殿だけではなく、宗教、文化、芸術などあらゆるものが継承され続け、伊勢神宮は伊勢神宮として、古代と同じ形で存在し続けているのです。

伊勢神宮は、正宮《しょうぐう》、別宮《べつぐう》、摂社《せっしゃ》、末社《まっしゃ》、所管社《しょかんしゃ》の総数一二五社からなります。正宮は二社あり、皇大神宮《こうたいじんぐう》（内宮）には命の神様である天照大御神、豊受大神宮《とようけだいじんぐう》（外宮）には食や産業の神様である豊受大御神《とようけのおおみかみ》を祀られています。

古代より日本では、食そのものが神とされ、食することは神事とされてきました。ハシ（箸・橋・端）という言葉は、物と物を繋ぐという意味があり、神と人の結界であって、それを橋渡しするのが箸でした。

食事する前に言う「いただきます」という言葉は、あなたの生命をいただきますという意味です。「ごちそうさまでした」という言葉は、言葉の通り食事とその産業に対して、ご馳走でした、ありがとうございました、という感謝の言葉です。「いただきます」は生命に対する言葉、「ごちそうさまでした」は生産者など食事に関する従事者に対する言葉です。

記紀の天孫降臨に描かれたように、米は神からの賜《たまわ》り物であり、それをいただく際には伊勢神宮の皇大神宮と豊受大神宮の神に感謝を申し上げています。日々の生活の中で、伊勢神宮は文化として根付いているのです。

ところで、直島のアート活動においても、伊勢神宮を参考としたものがあります。護《ご》王神社《おうじんじゃ》は、伊勢神宮の社殿様式を参考にして再建されました。(19) 地中美術館を設計した建築家の安藤忠雄《あんどうただお》は、伊勢神宮のように森と建物が一体となったような建築を作りたいという着想が起点でした。

豊島美術館は神社とはいいませんが、大きな森の中にそっと存在する姿は神社の佇まいがあります。実際に敷地から、神社が発見されていて、神社との縁を感じます。美術館に入るアプローチも、神社の参道がそうであるように、あたりの森を切り崩して地形を変えるようなことはせず、できる限り自然の起伏のままにつくりました。

伊勢神宮は、神宮の森を育てることで社殿ができます。豊島美術館も、森を育てることで、美術館に湧く水が育ちます。

森が美術館を育み、周辺環境とともに育ちながら生き続けるのです。

〈注釈〉

(01) 香川県教育委員会『香川の文化財』平成八年、二九頁、一二九頁
土庄町教育委員会『土庄町の文化財』平成二八年、一頁、六頁

(02) 東京国立博物館・法相宗大本山興福寺・朝日新聞『興福寺中金堂再建記念特別展 運慶』朝日新聞・テレビ朝日、平成二九年、二八一頁

(03) 夏目漱石『文鳥・夢十夜』新潮社、昭和五一年、四九頁

(04) 田中英道『鎌倉文化の思想と芸術 武士・宗教・文学・美術』勉誠出版、平成二八年

(05) 香川大学豊島 公民館 広報広聴部『豊島村誌』大正三年

(06) 花山院弘匡『宮司が語る御由緒三十話　春日大社のすべて』中央公論新社、平成二八年

(07) 香取忠彦『日本人はどのように建造物を作ってきたか2　奈良の大仏　世界最大の鋳造仏』草思社、昭和五六年

(08) ダニエル・リベスキンド（Daniel Libeskind 一九四六－）。ポーランド出身、アメリカ人建築家。代表作に「ユダヤ博物館（ドイツ）」、「デンバー美術館（アメリカ）」などがある。

(09) ザハ・ハディッド（Zaha Hadid 一九五〇－二〇一六）。イラク出身、イギリス人建築家。構築の困難性から「アンビルドの女王」と呼ばれる。代表作に「国立21世紀美術館（イギリス）」、「オードロップゴー美術館増築（デンマーク）」などがある。

(10) フィリップ・フランツ・フォン・シーボルト（Philipp Franz von Siebold 一七九六－一八六六）。ドイツの医師、博物学者。

(11) 井口直司『縄文土器ガイドブック－縄文土器の世界』新泉社、平成二四年

(12) 三上徹也『縄文土偶ガイドブック－縄文土偶の世界』新泉社、平成二六年

(13) 志村ふくみ『新装改訂版 一色一生』求龍堂、平成一七年

(14) 前掲書 (13) 一色一生、六一頁

(15) 根津美術館学芸部編『根津美術館紀要　此君　第1号』根津美術館、平成二一年
『家庭画報スペシャル 感動の美 根津美術館 プライベートミュージアムの最高峰』世界文化社、平成二二年

(16) 根津美術館『那智の瀧－熊野の自然と祈りの造形－』根津美術館、平成三年
闘鶏神社蔵「熊野那智参詣曼荼羅図」

補陀落山寺蔵「熊野那智参詣曼荼羅図」
國學院大學図書館蔵「熊野那智参詣曼荼羅図」
熊野川町教育委員会蔵「熊野那智参詣曼荼羅図」
西福寺蔵「熊野那智参詣曼荼羅図」

(17) 山家集（さんかしゅう）。平安末期の西行の歌集。本書での紹介は、三八二番の歌。
(18) 小堀邦夫『伊勢神宮のこころ、式年遷宮の意味』淡交社、平成二三年
(19) 杉本博司『苔のむすまで』新潮社、平成一七年、五八頁

〈参考文献〉

(01) 志村ふくみ・志村洋子『たまゆらの道　正倉院からペルシャへ』世界文化社、平成一三年
(02) 志村ふくみ『母なる色』求龍堂、平成一一年
(03) 志村ふくみ『つむぎおり』求龍堂、平成二七年
(04) 志村ふくみ『語りかける花』人文書院、平成四年
(05) 矢野憲一『伊勢神宮－知られざる杜のうち』角川学芸出版、平成一八年
(06) 奈良国立博物館『山岳信仰の遺宝』奈良国立博物館、昭和六〇年
(07) 田中英道『運慶とバロックの巨匠たち『仁王』像は運慶作にあらず』弓立社、平成一〇年
(08) 松田朝由『豊島石石造物の研究Ⅰ　財団法人福武学術文化復興財団 平成19年度瀬戸内海文化・研究活動支援調査・研究助成　報告書』美巧社、平成二〇年
(09)『皇室日記 特別編 伊勢神宮 式年遷宮』日本テレビ放送網、平成二五年

第三章

ごみの島

ごみの島と呼ばれた島

豊島は、豊島美術館や瀬戸内国際芸術祭の話題もあって最近では「芸術の島」として世界中から注目されています。しかし、四〇年ほど前より、悪徳業者により大量かつ不法に投棄された産業廃棄物（以下、廃棄物）が大きな社会問題となり、いつしか豊島は「ごみの島」と揶揄《やゆ》されるようになりました。

その規模は、土地面積でいうと、およそ七万平方メートルで、東京ドーム一・五個分。廃棄物の重量は九〇万トン以上で、東京ドームに水を八分目まで入れたくらいの重さです。都会で排出された有害なごみを東京ドームに敷き詰めて、そのまま小さな島に捨てたと考えれば、どれだけ恐ろしいことか想像できるのではないでしょうか。

豊島に捨てられた廃棄物は、豊島住民と香川県との話し合いによって、全て撤去することが決まり、平成二九年三月に完全撤去されました。[01] 豊島はついに「ごみの島」から解放されたのです。

完全撤去に至るまでには、社会が抱えるごみ問題と豊島住民の長い闘争の歴史がありました。当時の社会状況を踏まえながら、事件を振り返っていきたいと思います。

先の大戦後、日本は高度経済成長期に入り、大量生産、大量消費、大量廃棄が当たり前になって、それが豊かさの証明でもあると考えられていました。それが正しいと社会全体が錯覚した状況のなかで、日本最大級の廃棄物の不法投棄事件が豊島で起こりました。いわゆる豊島事件です。解決には、相当な苦労と時間を要しましたが、我が国の歩むべき未来にとって重要な意味を持ちました。

それは、廃棄物の不法投棄の規模の大きさだけではなく、当時の社会情勢、離島が抱える問題、ごみ処理の問題、不法投棄の問題、環境問題、住民運動、公害調停、法律の不備など、数々の要素が積み重なって起きた事件でした。

そのため人によって捉え方が様々で、豊島に不法投棄された事件として「豊島事件」と呼ぶ場合と、当時の日本社会が抱えるごみ問題として「豊島問題」と呼ぶ場合があります。本書では、不法投棄に対する警察の摘発から解決に至るまでを「豊島事件」、国が抱える環境や公害の社会問題を「豊島問題」と分けて記載します。

都会で消費された廃棄物は、都会から地方、さらには地方の過疎地に追いやってしまうことが、規模の大小にかかわらず全国で度々起こりました。

汚染物質をそのまま生活圏内に垂れ流すと、水俣病やカネミ油症等に見られるような公害病、あるいは死に至ることが起こり得ると知られていました。

そこで、社会は有害物質を排出しない社会へと方向転換するのではなく、有害物質はドラム缶などに詰め込み、都市外の人の目につかない地方に隠してしまうようになりました。環境汚染の問題に真摯《しんし》に向き合うのではなく、目を背《そむ》けてしまったのです。

豊島には、ドクロマークが描かれたドラム缶や、自動車や家電を粉砕したシュレッダーダストなどの廃棄物が大量に捨てられました。豊島は大量生産、大量消費の犠牲になったのです。

不法投棄は、少なくとも昭和五〇年から行われていて、兵庫県警が摘発するまで二〇年近く続けられました。そして香川県と豊島住民との話し合いの結果、豊島に不法投棄された廃棄物の処理は、事業を監督する責任があった香川県が実施しました。その廃棄物の撤去は平成二九年三月に完了し、同年六月に無害化処理が完了しました。最終的に、不法投棄が明るみに出てから、四二年の歳月がかかりました。

これだけの規模の不法投棄は日本最大級です。同等規模のものでは、平成一〇年には青森県と岩手県の県境で一五〇万トン、平成一六年には岐阜県で七五万トンの廃棄物の不法投棄が発覚しています。都合の悪いものを地方に隠してしまう陰惨な事件は、廃棄物に限った事柄ではありませんでした。瀬戸内海に目を向けてみると、直島では精錬所における有害ガスにより北部の山はハゲ山になり、大島ではハンセン病の療養所としてハンセン病患者が隔離されました。

豊島事件は、このような地方や離島が抱える問題にも目を向けられる重要なきっかけともなりました。

豊島に不法投棄された廃棄物は、県税と国税合わせて七七〇億円もの費用をかけて撤去されました。それだけの膨大な費用にもかかわらず、住民が得た金銭はありませんでした。豊島住民が求めたものは、先人から引き継いだ故郷の美しい環境を次の世代に引き継ぐことだけだったのです。

豊島住民は、事件解決のその先に、社会が本来歩むべき道が必ずあると信じて廃棄物と闘いました。そうした豊島住民の人のために奉仕したいという人間性の背景には、人をもてなす優しい文化的な価値観があったのだと思います。

かつて豊島で暮らしていた社会運動家の賀川豊彦《かがわとよひこ》(02)の意志を引き継いだ人々によって、農民福音学校や乳児院、特別養護老人施設、知的障害者更生施設など、生活に支障がある人たちを迎え入れる施設が作られていました。春に行われる「お大師《だいし》まいり」という寺院の行事では、島内外の人々に、寿司や菓子などを振る舞いもてなします。そして八幡神社の秋の例大祭には、みな仕事を休んで参加します。

行政面においては、豊島には独自の議会がないため投票数で決議するということはありません。島のことは住民の話し合いによって決め、そこで決めたことは必ず実行するという風習です。こういった豊島の文化性や人間性が、「私」の問題だけではなく、社会全体の「公」ためにという思いで、解決まで導けたのだと思います。

■規模比較（不法投棄現場と東京ドーム）

	不法投棄現場	東京ドーム
面積	69,000㎡	1.5 個分
重量	911,000t	0.8 個分 ※重量を容積（水）に換算
処理費用	770 億円	2 個分 ※建設費

日本初の国立公園に

全国で規模の大小に関わらず、不法投棄が行われていましたが、豊島に不法投棄された場所は、国立公園に指定されていた場所でした。国をあげて守るべき環境だったのです。さらに、国立公園の中でも、風致《ふうち》を維持するための特別地域に指定されているほど、極めて環境に配慮すべき土地でした。

国立公園とは、日本を代表する自然の風景地を保護する目的で、国が指定した自然公園のことをいいます。将来にわたって同じ感動を味わい楽しむことができるように、風景美だけではなく、町並みや史跡、動植物などの保護に努める場所です。

瀬戸内海は昭和九年に、雲仙《うんぜん》、霧島《きりしま》とともに「瀬戸内海国立公園」として日本初の国立公園に指定されました。絶えずどこかに陸地と島、海、空が見える多島海景観は世界の中でも非常に珍しく、その風景美が評価されました。当時の指定区域は香川県や岡山県、広島県の一部のみで、瀬戸内海の中でも特に環境を守るべき土地でした。

その土地が大量の廃棄物で埋め尽くされたのです。大量の廃棄物によって風景美は壊され、縄文時代の史跡があったようですが、それもごみの山と化しました。島には廃棄物の撒《ま》き散らしと野焼きが常習化し、上空を飛ぶ鳥が黒煙を吸って落ちてくるほどでした。

国立公園として、風景美、町並み、史跡、動植物の保護に努めなければならないはずが、逆に何もかもが破壊されてしまいました。

豊島問題

悪徳業者によって不法投棄された廃棄物は、香川県の事業として、七七〇億円の県税と国税を使いすべて撤去されました。

七七〇億円を県税と国税から捻出することについて、県民と国民の理解を得るのは並大抵なことではありませんでした。

例えば国民的議論となった東京五輪会場の新国立競技場の工事費は、一四九〇億円が必要とされていましたが、都民と国民の理解を得ることが非常に困難でした。東京五輪会場でさえ費用を捻出するのが難しいのに、地方の廃棄物の撤去費用を捻出するなど、東京五輪会場の比にならないほど大変なことだったのは想像に難しくないと思います。

県民や国民の理解を得て、これだけの巨額の税金を使用することができた背景には、豊島住民による決死の運動にありました。

豊島事件は、シュレッダーダスト等それまであまり重要視されてこなかった廃棄物の問題を、一気に国が最優先の環境問題として取り組む布石となりました。

そして、この問題が明るみに出て以降、法律の整備は進み、平成一四年には、香川県知事の提唱により自動車リサイクル法が成立しました。これは、自動車のリサイクル費用を新車販売時に前払い徴収する法律です。平成一八年には容器包装リサイクル法が改正され、分別収集や選別などの費用を事業者が負担するようになりました。

廃棄物処理法は幾度も改正され、廃棄物に関する数々の法律が整備されました。自治体レベルではそれぞれのごみの分別方法が確立され、家庭における生活の意識も変わっていきました。

企業は、使い終わったものを資源として再利用しやすくするために、「紙」や「プラ」などのマークを記載するようになりました。例えば、飲料用のペットボトルには、どの部分が何の素材でできているかを明確にすることにより、消費者がごみを分別する際に、ボトル、キャップ、ラベルと分別しやすくしました。パッケージには、あらかじめ切れ目を入れたり、剥《は》がしやすい糊《のり》を使用したりするなど、企業は環境への配慮を強めるようになりました。このような行政や企業の取り組みによって、ごみの分別に対する国民の意識が変わり、分別しないことについて罪深いという意識さえ持つようになりました。そのおかげもあって、日本でのごみは減量傾向にあります。

海外では、家庭でも公的な場でも、ごみ箱は一つしか設置されていません。使えなくなったものはごみでしかないからです。

しかし、豊島問題を乗り越えた日本では、可燃ごみや不燃ごみ、缶、ペットボトル、紙など資源を分別するためのごみ箱が数種類設置されています。使えなくなったものは、ごみではなく資源として捉えるようになったからです。

豊島事件の解決は、ごみの軽減を目的にしたものではありませんが、結果的に、ごみ問題に大きな影響を与えたのです。

廃棄物の撤去には、四二年の歳月と七七〇億円の莫大な費用がかかりましたが、日本が循環型社会を歩むための、大きな代償を支払った形になったと今では言えるかもしれません。

豊島事件

豊島事件は、様々な事象が複雑に絡み合っているので、何が起こって、どんな影響があったのか、すぐに理解するのは難しい事件です。豊島事件を扱った書籍はいくつか出版されていますが、それぞれ論点や結論が違っていたりします。この問題を理解するためには、事件の系譜を丁寧に読み解いていく必要があります。

まずは、発端から解決までの軌跡をなぞってみます。

事件は豊島の西端の水ヶ浦《みずがうら》で起こりました。この砂浜の砂は、硝子《がらす》の材料になるケイ素分が含まれる貴重な砂なので、この土地を所有する豊島総合観光開発株式会社の事業者は、昭和初期から砂の採取を行い、周辺の山を切り崩し、全て売りさばいてしまいました。ついには、売るものがなくなってしまったので、昭和五〇年に、香川県に対して有害な廃棄物を取り扱う処理業の許可申請をして、事業を始めようとしました。これが豊島事件の始まりです。

　この事業者は、前科があり暴力事件をしばしば引き起こすなど豊島住民に警戒されていた人物です。そのため、豊島住民は、事業者の事業によって環境が破壊され、農漁業に深刻な影響が生じることを見越して、廃棄物処理場設置への反対署名を集め、香川県知事と県議会に提出し陳情しました。

　一方の事業者は、早期の許可を要求し、香川県庁の担当課長に暴行を振い、反対運動をする住民には暴言を吐いたり脅迫したりしていました。

　ところが昭和五二年、当時の香川県知事の前川忠夫《まえかわただお》は、事業者側の立場に立って「事業者は住民の反対に遭い、生活に困っている。要件を整えて事業を行えば安全であり問題はない。それでも反対するのであれば、住民のエゴであり、事業者いじめである。豊島は、海は青く空気はきれいだが、住民の心は灰色だ」と発言しました。

　この知事による発言こそが、豊島事件における香川県と住民との軋轢《あつれき》の始まりでした。

県によって利己的な行動と烙印《らくいん》を押され、世論も県の主張に同調し、被害者であるはずの豊島住民は、まるで加害者であるかのような冷ややかな目で見られていました。その後も知事は方針を撤回せず、議会で事業者への許可の方針を表明しました。こうした香川県の対応に耐えられなくなった豊島住民は、岡山県の玉野市に合併の申し立てをするまでに至りました。

そして豊島住民は、生活環境、自然環境の破壊を阻止《そし》するために、豊島住民会議を結成し、香川県に対して抗議や反対デモを決行するとともに、事業者を相手として廃棄物処理場の建設差止請求訴訟を起こしました。

そこで事業者は、反対運動をかわすため、有害な廃棄物の処理業ではなく、無害の廃棄物処理業(当時流行していたミミズに食料汚泥などを食べさせて土壌改良する処理業)へと事業内容を変更して、許可申請をし直しました。実際は秘密裏に、香川県職員が、事業者に申請内容を変更するように入れ知恵をしていたのです。

この時に申請していたのは、製紙スラッジ、食品汚泥、木屑、動物糞尿の四種であり、あくまで無害の廃棄物でした。そのため、住民は裁判上において和解をせざるを得ませんでした。

ところがその後、事業者は徐々に無害物の処理の事業は行わなくなり、許可外のシュレッダーダスト、廃油、廃酸、それに得体の知れない液体が入ったドラム缶などの有害の廃棄物を収集し、許可範囲外の土地にまで大量に運搬するようになりました。

事業者は、産業廃棄物排出事業者（以下、排出事業者）からシュレッダーダストを一トンあたり三〇〇〇円で金属回収の原料の有価物として購入し、二〇〇〇円の運搬費を受け取って処分していたのです。実質的には事業者が格安の一七〇〇〇円で処理を請け負っていました。不正な取引をしていたのは火を見るよりも明らかでした。その大部分を野焼きしていたので、金属回収という説明は明らかに嘘でした。

この間にも香川県は立入検査を行っていましたが、香川県は事業者の言う通り許可内の事業だと言い切っていました。県職員はのちの供述書の中で、違法なことと知りながら事業者の暴力を恐れ屈したと述べています。香川県は違法行為に気づいていたにもかかわらず、許可の取消しを行わず注意を述べることに留まり、事業者に対する適切な指導監督を怠っていたのです。

昭和六一年に香川県知事が平井《ひらい》城一《じょういち》に変わりましたが、それでも違法行為は止まらないままでした。豊島では、廃棄物の持ち込みによる猛烈な悪臭、騒音、振動、ごみの撒き散らしが常態化し、野焼きによる黒煙や悪臭が立ち込め、体調不良を訴える住民が続出していました。豊島の小中学校では喘息《ぜんそく》の発症率が九・六％と全国平均の一〇倍近くにもなっていました。

ついには、喘息による死者も現れる事態にまで発展し、香川県の不適切な対応は、豊島住民を苦しめていました。

逮捕から始まる事件

そんななか、豊島住民にとって大きな転機が訪れます。

平成二年、この異常な状況を見かねた兵庫県の姫路海上保安署は、許可なく廃棄物を運搬する船を見つけ廃棄物処理法違反の疑いで検挙しました。

兵庫県警察は、廃棄物処理法違反の容疑で処分地の強制捜査を行い、廃棄物の搬入、埋立、野焼きをやめさせました。これにより、香川県が合法と断言してきた事業が、他県の警察により違法の犯罪行為として断定されました。

当時の兵庫県警の本部長は、のちに警察庁長官を務める國松孝次《くにまつたかじ》で、事態を重く見た彼らの正義によって、住民は長年苦しめられてきた廃棄物の持ち込みや野焼きによる被害から、ついに解放されたのです。

しかし、この惨状がマスコミによって大々的に報じられたことにより、全国に豊島は

「ごみの島」と認識されるようになりました。

豊島住民は廃棄物に苦しめられる事態はなくなりましたが、皮肉にも、世間にごみの島という認識が広まったことで、風評によって農産物は売れなくなり、廃業を余儀なくされた住民もいるほど、これまでとは違った形で苦しめられることになりました。

事業者は、兵庫県の地方裁判所において、廃棄物処理法違反の容疑で逮捕、起訴されました。裁判所は事業者に罰金五〇万円、懲役一〇月《じゅうげつ》(執行猶予五年)の有罪判決を言い渡しました。当時はこうした不法投棄事件を裁ける十分な法律はなく、軽度な刑罰だったため事業者は判決を受け入れました。

しかも、この判決で有罪とされた不法投棄は、二〇年も投棄し続けた廃棄物のうちの最後の一年分だけでした。不法投棄物の大半を占めるシュレッダーダストは、起訴の対象にはなっていません。裁判により異常事態は止まりましたが、膨大な量の廃棄物は依然、豊島に残されたままでした。

しかし、香川県の監督責任が明確になったことも確かでした。豊島住民は、「豊島住民会議」を再結成して、違法事業を許可した香川県への責任追及へ動き出し、廃棄物を撤去することを繰り返し陳情しました。これを受けて香川県は、事業者の事業許可を取り消し、廃棄物の撤去を命じましたが、事業者が撤去したのは廃油入りのドラム缶などほんの一部であり、ほとんどは放置されたままでした。

それにもかかわらず香川県は、「処分地や周辺海域の実態調査を行い周辺の生活環境に支障を及ぼすおそれの高い廃棄物は撤去を終え、周辺海域等の環境は特に問題はない」と事実上の安全宣言を出してしまいました。

その間、雨水とともに有害物質は瀬戸内海に流出し続けていたと思われます。

弁護団を結成

その後も豊島住民が、幾度も香川県へ廃棄物の撤去を陳情したのにもかかわらず、大きな進展は見られませんでした。その上、兵庫県警察の強制捜査から三年が経過すると、時効が成立し、以降は、法的責任を追及することができなくなってしまいます。

それを恐れた豊島住民は、この状況を打開するために弁護士を探しましたが、巨大行政を相手にする事件解決の困難性から、引き受けてくれる弁護士は見つかりませんでした。

そんななか、日本弁護士連合会の会長を退任して間もない中坊公平《なかぼうこうへい》にたどり着き、相談しに行きました。中坊公平はこれほど切羽詰まった状況なので、すでに手遅れだと思ったそうですが、状況を懸命に説明する思いを慮《おもんぱか》り、一度現場の状況を見て依頼を受けるかどうか決めることにしたのです。

豊島を訪れ廃棄物の状況を見た中坊公平は、著書『罪なくして罰せず』[03]の中でこう語っています。

二週間後、初めて訪れた豊島で私が目にしたものは、あまりに無残な不法投棄の傷跡だった。

二十、三十メートルはある膨大な廃棄物の山はならされ、土がかぶせられていたが、よく見ると小さな穴からガスがボコボコと噴き出し、のどが痛くなるほどの異臭を漂わせている。ところどころ金属の破片も顔を出している。あちこちで金属を溶かしたような、どす黒い汚水が漏れ出し、水たまりとなっている。それは、とても時効だからといって放っておけるような状況ではなかった。（一部引用）

不法投棄の惨状と住民の熱意に打たれて、なんとかしてこの状況を打開したいという思いで、事件解決の困難性を知りながらも、中坊公平はこの依頼を引き受けました。[04]

中坊公平はすぐさま弁護団を結成し、司法的救済である裁判ではなく、行政的救済である公害調停を選択して事件解決へ向かうことに決めました。

裁判には、訴訟に多額の費用と日程が必要で、住民の公害被害の立証ができなければ敗訴します。公害調停とは、話し合いによって様々な措置を相手に求めるものです。非を認めていない香川県との話し合いでの決着も容易なものではなく、裁判と公害調停のどちらを選択しても勝ち目の薄い闘いでした。

そして、豊島住民は、香川県、事業者、排出事業者を相手として、全ての廃棄物を撤去することと、申請人である豊島住民の各自に慰謝料五〇万円を求め、公害調停の申請を行いました。豊島住民は、慰謝料を全額、次世代にきれいな島を残すために使うことを確認し合っていました。

慰謝料請求に加え、香川県には判断を誤り必要な指導監督を怠った責任、県職員には違法行為を容易にした責任、事業者には不法投棄を行った責任、排出事業者には事業者の違法性を知りながら委託した責任を求めました。これにより裁判所は調停委員会を設置し、実態調査を行った上で解決に導くことを決めました。

実に、時効成立の五日前でした。

中坊公平は豊島住民に、困難が待ち受けようとも最後までやり抜く覚悟があるかと問うたところ、誰からも異論はありませんでした。

衝撃の実態

平成六年七月、調停委員会は処分地の実態調査を行い、その結果を踏まえて、廃棄物の撤去と環境保全に必要な措置を行う方針を示しました。

弁護団は当初、調査費を三〇〇万円程度と見込んでいましたが、国の公害等調整委員会によって二億三六〇〇万円という異例の巨額費用をもって行われることが決定しました。豊島における調査結果を今後の国の廃棄物対策の資料とする目的として、大蔵省が国の予備費から支出することを決めたのです。これは全国で起こる廃棄物の不法投棄が次第に社会問題となっていたことが、要因の一つと考えられています。それほど、事件解決には国も関心を寄せていました。

その調査の結果、廃棄物は五〇万トンを超え、高濃度のダイオキシンや多数の有害物質が検出されました。これは香川県の調査結果をはるかに上回る有害性です。汚染は廃棄物層直下の土壌や地下水に及び、これをそのまま放置すると生活環境保全上の支障を生ずる恐れがあるので、早急に適切な対策を講じるべきと報告されました。

その上で、公害等調整委員会は住民に、廃棄物の対策案として、中間処理や最終処分を行う六つの案と、廃棄物を豊島に存置したまま有害性には手をつけない案の合計七つを示しました。廃棄物を現状のまま問題を先送りにする案は、住民が受け入れられるはずもなく、中間処理を行い最終処分する方針に決まりました。

その後、調停委員会で、香川県は廃棄物の適切な指導を怠ったことが原因で、深刻な事態を招いたことを認めました。汚染された地下水については、海への漏出《ろうしゅつ》防止対策をし、豊島内に処理施設を建設して浄化する中間合意が成立しました。中間合意を受け、香川県はこの問題の技術的課題を検討するための委員会を設置して処理の方法を話し合いました。

ただし、事件解決への合意ではなく、あくまでこれ以上の環境汚染を食い止めるためのものだったので、住民が求めた香川県知事の謝罪は受け入れられませんでした。謝罪には責任や損害賠償が伴いかねないので、香川県知事は謝罪を拒んだのです。

廃棄物の処理について、香川県は豊島の隣の直島へ廃棄物処理施設の設置し、そこで行うことを提案しました。資源化・リサイクル事業に取り組むことを計画していた直島の三菱マテリアル株式会社（以下、三菱マテリアル社）の技術力が活用できると考えたのです。

過疎化に悩んでいた直島町は、町の活性化につながることや公害がないこと、風評被害などに適切に対応することを条件に、処理施設を建設することを受け入れました。

島をあげて闘う

問題解決の方向へ少しずつ進んでいくなか、豊島の地元である土庄町選出の県議が、「豊島にだけそんなに巨額の税金投入するのはおかしい。弁護団主導の根無し草の運動だ」と批判しました。地元の土庄町でさえ、豊島の廃棄物の撤去に対する理解は得られていなかったのです。さらに県議会議員のほとんどは豊島の要求を支持していなかったため、県政に直接、豊島住民の声を伝えることが必要でした。

香川県としても、県民の理解が得られないまま香川県が責任を認め、巨額の県民の血税を豊島にだけ使用するには、それ相応の理由と県民の理解が必要でした。それに加え、巨額の撤去費用には、国家予算での支援が必要であり、国民の理解も必要でした。

豊島住民は、まず世論にこの問題の真実を理解してもらうために、マスコミに真相を報道してもらい、県民の理解を得なければなりませんでした。

これまでは、弁護団を中心に撤去に向けた活動を行っていましたが、ここからは、豊島住民が主体となった住民運動へと変わり、自分たちの肉声で真実を県民一人ひとりに訴えました。

土庄町民の理解を得るために、小豆島にも事務所を置いて土庄町六〇〇〇戸をすべて訪問しました。

香川県民の理解を得るために、県庁前で一日中立ちっぱなしで抗議行動を行ったり、香川県下の五市三八町の長や県議会議員のところへ歩いて訪れたり、県内一〇〇箇所で座談会を開催したりしました。

県外の活動においては、夜行バスを乗り継いで東京銀座に出向き、大都会の廃棄物が過疎の島に持ち込まれている現実を訴えました。廃棄物や汚染水を路上に陳列し、デモ行進を行いました。白い目で見られようとも、故郷のためにみな必死でした。

平成一〇年に、香川県知事が真鍋武紀《まなべたけき》に変わります。豊島住民は状況が変わるかと期待しましたが、就任して間もなく「欲しいから要求しているんでしょう、お金が」と発言するなど、豊島住民の気持ちに寄り添った態度には見受けられませんでした。

そこで、豊島住民の主体的な県政参加によって県を変えようと、県議選に豊島住民から候補者を擁立しました。豊島住民の献身的な応援の結果、候補者は落選確実と見られていた選挙情勢を見返し見事当選することができました。これにより、県政に直接豊島の声を届けられるようになり、香川県知事や県議会はこの問題を先送りにすることができなくなりました。

島をあげて闘う姿は、それを支持するマスコミによって報道され、徐々に世論の後ろ盾《だて》を得ていきました。しかし、豊島住民を支持する日本弁護士連合会の元会長率いる弁護団と、万全の法律体制を整えた巨大行政の香川県との闘いは、互いに法的根拠を主張しあう膠着《こうちゃく》状況でした。

真鍋武紀は、就任当初には豊島住民に対する失言があったものの、これまでの香川県知事とは違い、就任以来、豊島住民の声に耳を傾け、解決方法を模索していきます。

そしてついに、香川県知事として政治的決断をします[05]。

調停委員会の仲立ちのもと豊島住民と香川県との間で、処分地の地上権の設定、香川県の謝罪、排出事業者からの解決金の徴収などの協議が重ねられました。処理の技術的な見通しが立った状況などを踏まえ、香川県として公害調停を受け入れることを決めたのです。ようやく長い闘いに終止符が打たれました。

その公害調停の最終合意調印式は豊島で行うことになりました。

県と住民が和解

平成一二年六月六日、ついに調停が成立しました。

調印式当日、真鍋武紀は豊島では住民に罵倒《ばとう》されるかと憂《うれ》えていましたが、その心配をよそに豊島の港でたくさんの住民が知事を温かく出迎えました。

調印式において豊島住民の代表と香川県知事の真鍋武紀が、最終合意書に調印し、公害調停が成立しました。調停成立後、真鍋武紀は、涙ながらに心から謝罪を伴う談話(06)を発表しました。その一部を紹介します。

香川県は、廃棄物の認定を誤りまして、豊島総合観光開発株式会社に対する適切な指導監督を怠った結果、豊島の処分地について、土壌汚染、水質汚濁等、深刻な事態を招来し、豊島の住民の皆様に、長期にわたり、不安と苦痛を与えたことを認め、心からお詫びをいたします。

私は、知事に就任して以来、豊島問題の一日も早い解決をめざしまして、懸命に取り組んでまいりました。また、暇を見つけては高松市の峰山に登りました。既に一〇〇回位になりますが、その度毎に頂上の展望台から真正面に見えます豊島に向かいまして、ひそかに対話をしていました。ある時は非常に豊島がよく見えました。またある時はかすんでいました。全然見えない日もございました。

（中略）

豊島をはじめ離島は、不利な条件をかかえており、その振興は県政にとって他の地域振興とともに大きな課題であります。県といたしましては、そこに住んでおられる人々の意向を尊重しつつ、離島の振興にも鋭意取り組んでまいります。（一部抜粋）

心のこもった談話によって、会場に集まった沢山の豊島住民は涙しました。負けを認めた謝罪談話ではなく、親が子を思いやる以上の優しさを伴ったものだったと思います。香川県知事としてありとあらゆる責任を引き受けた決断でした。

調停条項には、香川県は平成二八年度末までに廃棄物を豊島から全て搬出し、直島で処理を行い、汚染水を浄化することも記載されました。そして、この一連の事業は、専門家の指導や助言のもと、香川県と豊島住民が協力して実施することになりました。

調停条項を受け入れるにあたっては豊島住民から「豊島宣言」[07]が発表されました。その一部を紹介します。

先人から受け継いだ豊かで美しいふるさと豊島、そして国民共有の財産である瀬戸内海を子孫に継承していくことは、現在に生きる私たちすべてに課せられた責務です。二五年前、豊島に産業廃棄物が持ち込まれることを知って、その阻止のために立ち上がり、その後長期にわたって不法投棄された大量の産業廃棄物を、豊島から完全に撤去させるためにたたかい続けたのは、まさにその想いからでした。(一部引用)

なお、排出事業者に対して、撤去費用の一部負担をするよう求めた結果、ほとんどの排出事業者が解決金の支払いに応じることを認めました。事業者に悪知恵を入れたことにより事態を悪化させた県職員に対する調停申請は取り下げました。

処理費については、県税だけで背負うのは無理があったので、国は平成一五年、豊島廃棄物撤去のための特別措置法を制定し、国庫補助および財政支援することを決めました。特別措置法は一〇年間の時限立法だったため、県は平成二五年度末に撤去する計画を打ち立てました。

公害調停が成立したことによって、豊島事件は決着となりました。

これを機に、中坊公平と建築家の安藤忠雄らによって、瀬戸内海全体の環境保全の活動をする「瀬戸内オリーブ基金」が発足します。次世代に美しい瀬戸内海の環境を引き継ぐ希望と決意の象徴として、豊島にオリーブを植えました。(08) 瀬戸内オリーブ基金は、株式会社ファーストリテイリング（ユニクロ）が、瀬戸内発祥の企業としてその活動を中心となって支援しています。(09)

ごみの撤去完了

この調停合意によって、香川県と住民との「共創《きょうそう》の理念」[10]に基づいて廃棄物の撤去が進められました。事件発端から四二年の月日が経った平成二九年三月に廃棄物の島外搬出が完了し、同年六月に直島での処理が完了しました[11]。

廃棄物の撤去は、平成二五年に終わらせる計画でしたが、推計していた五六万トンの処理量をはるかに超える九〇万トン以上の廃棄物が見つかったため四年も延期になりました。違法操業時に毎日廃棄物が野焼きされていたので、実際にはそれ以上のものだったと考えられています。汚染された土壌のうち環境基準を超えている有害なものは高温処理で無害化され、セメントの原料などに使用されています。

撤去費用には最大一五〇億円の処理費を見込んでいましたが、想定以上の廃棄物の量と処理の困難さにより膨れ上がり、最終的には七七〇億円もの莫大な税金が投入されました。住民が勝ち得たものは、次世代へ引き継ぐ美しい環境以外のなにものでもありませんでした。

この事件は、資源を繰り返し使う循環型社会形成への布石となりました。様々なリサイクル法が確立され、ごみの処理に関する法律がいくつも整備されました。家庭における生活の意識も変わっていきました。公害問題を解決するために、裁判ではなく公害調停を選択して、解決する事例も多くなりました。

豊島から廃棄物は完全に撤去されましたが、丸裸になった現場跡地には今もなお汚染水が残っています。かつての美しい砂浜に戻るのは、まだまだ先のことです。不法投棄現場の跡地の利用についても、決まっていないなど、課題は残されています。

次の世代のためにも、私たちはこの課題に向き合っていく必要があります。

〈注釈〉

（01）ところが、処理を完全撤去したという宣言が出てからも、廃棄物が新たに六〇〇トン以上発見されています。

（02）賀川豊彦（かがわ とよひこ、一八八八ー一九六〇）。大正・昭和期のキリスト教社会運動家。東久邇宮内閣参与や勅選貴族院議員を務め、日本社会党の結成にも参画する。

（03）中坊公平『罪なくして罰せず』朝日新聞社、平成一一年、七六頁

（04）中坊公平・稲盛和夫『徳と正義』ＰＨＰ研究所、平成一四年、一八六ー一九〇頁

（05）『毎日新聞』毎日新聞社、平成二九年、六月一四日、二三面、豊島産廃　無害化処理完了

（06）『豊島問題　ホームページ 豊島産業廃棄物処理事業』香川県森林環境部 廃棄物対策課 資源化・処理事業推進室、調停成立後の知事コメント（平成12年６月６日）』

（07）『豊島問題を考える』産廃物対策豊島住民会議

（08）安藤忠雄『連戦連敗』東京大学出版会、平成一三年、一七一ー一七四頁
安藤忠雄『仕事をつくる　私の履歴書』日本経済新聞社、平成二四年、二一八ー二二一頁

（09）柳井正『成功は一日で捨て去れ』新潮社、平成二一年、一〇一頁

（10）「共創（きょうそう）」の理念。元の美しい瀬戸内海の姿に戻るよう、香川県と豊島住民がともに参加・協働し、新たな関係や価値観を創って問題を解決していこうとする理念。

（11）(01) に同じ。

〈参考文献〉

（01）大川真郎『豊島産業廃棄物不法投棄事件ー巨大な壁に挑んだ二五年のたたかい』日本評論社、平成一三年
（02）大川真郎『裁判に尊厳を懸ける　勇気ある人びとの軌跡』日本評論社、平成二七年
（03）中坊公平『私の事件簿』集英社、平成一二年
（04）曽根英二『ゴミが降る島ー香川・豊島 産廃との「20年戦争」』日本経済新聞社、平成一一年

(05) 梶山正三『闘う住民のためのごみ問題紛争事典』リサイクル文化社、平成七年

(06) 實近昭紀『汚染の代償—豊島事件の23年（生命と環境21）』かもがわ出版、平成一一年

(07) 石井とおる『未来の森』農事組合法人てしまむら、平成二三年

(08) 石井亨『もう「ゴミの島」と言わせない　豊島産廃不法投棄、終わらない闘い』藤原書店、平成二九年

(09) 山下ナミ『よっしゃ、やらんかい　砂川三男さんが語る豊島産業廃棄物不法投棄事件』平成二九年

(10)『みんなの県政ＴＨＥかがわ』香川県広聴広報課、平成二九年九月一日

(11)『豊島問題　ホームページ 豊島産業廃棄物処理事業』香川県森林環境部 廃棄物対策課 資源化・処理事業推進室、豊島問題の経緯

(12)『三菱マテリアル　ホームページ 直島製錬所』製錬所情報、直島製錬所百年のあゆみ

(13) 堀口昌澄・日経エコロジー『事件に学ぶ 廃棄物処理法』日経ＢＰ社、平成二八年

(14)『ベネッセアートサイト直島　ホームページ』ベネッセアートサイト直島、歴史

(15) 中坊公平『罪なくして罰せず』朝日新聞社、平成一一年

(16) 中坊公平『中坊公平実践語録　道理に生きる』朝日新聞社、平成一三年

(17) 中坊公平・佐高信『突破力』徳間書店、平成一一年

(18)『豊かさを問うⅡ—調停成立5周年をむかえて—豊島事件の記録』廃棄物対策豊島住民会議、平成一七年

(19) 高月紘『ごみ問題とライフスタイル　こんな暮らしは続かない　シリーズ・地球と人間の環境を考える』日本評論社、平成一六年

(20) 曽根英二『限界集落　吾の村なれば』日本経済新聞社、平成二一年

(21) 稲村光郎『ごみと日本人—衛生・勤倹・リサイクルからみる近代史—』ミネルヴァ書房、平成二七年

(22) 西田正憲『瀬戸内海の発見』中央公論新社、平成一一年

第四章

美術館ができる

瀬戸内国際芸術祭

平成二二年、香川県で瀬戸内国際芸術祭が開催されました。「海の復権」をテーマに、直島や豊島など七つの島と高松が舞台となりました。[01] 来場者見込みは三〇万人でしたが、予想を遥かに超えるおよそ一〇〇万人が足を運んだイベントとなりました。この「海の復権」というテーマは、離島が抱える過疎化の問題や環境問題を意識したものです。[02] 会場となった島々全体が抱える問題でしたが、特に豊島が抱える問題そのものでもありました。

構想の始まりは、内閣府が公募する「全国都市再生モデル調査」に、福武財団が瀬戸内の島々を会場とする文化芸術イベントを提唱したことによるもので、その後、香川県がイベント企画に参画して瀬戸内国際芸術祭を形作っていきました。[03]

そして、瀬戸内国際芸術祭の実行委員会の会長は、真鍋武紀香川県知事、総合プロデューサーは、財団法人直島福武美術館財団（現公益財団法人福武財団、以下福武財団）の理事長、福武總一郎《ふくたけそういちろう》が務めました。

会長を務めた真鍋武紀は、香川県知事として豊島の廃棄物問題に最も真摯に取り組んだ知事で、瀬戸内国際芸術祭開催にあたっての冒頭コメントでは、開口一番、豊島の廃棄物問題を語っています。[04] 芸術の話は二の次でした。豊島事件の公害調停の場において、豊島の復興を約束していて、豊島住民の心の痛みに寄り添った知事だったと思います。

開催前、会場となる豊島では、廃棄物の不法投棄によって観光客が減ってしまった状況が打開されて、地域が活性化されるのではないかと概《おおむ》ね期待が高かったようです。実際に、瀬戸内国際芸術祭で豊島を訪れたことを機に、豊島に移住して就職したり、飲食店を経営したり、新たな事業を始めたりする若者が増えました。

瀬戸内国際芸術祭そのもので、島の経済への影響力は実感しにくいですが、それをきっかけに移住者が増えて活気づいたという影響力は大きかったと思います。

豊島では、少子化が進み、小学校の児童は二〇人強で一学年平均四人となっています。

このまま減り続けると、廃校になる恐れもあり、そうなると将来的に島の存続も危ぶまれます。瀬戸内国際芸術祭の真の成功は、島の存続性に繋がるかどうかというところにあると私は思っています。

この章では、島でのアート活動が、どのように進化し、国際的に評価されているかを述べていきます。

直島から豊島へ

瀬戸内国際芸術祭が開催される前から、直島は、地中美術館などを目的に年間二〇万人が訪れるほど、アートで観光業が成長した島でした(05)。

直島でアート活動を行っているのは、福武財団やベネッセホールディングスから構成されるベネッセアートサイト直島です。芸術を通して文化を再興する活動を直島で三〇年ほど前から行っています。事業を始めたのは、ベネッセグループの前身であった福武書店でした。

福武書店は、戦後間もない時代に、福武哲彦《ふくたけてつひこ》が日本一の教育出版社を目指し、冨士出版社を立ち上げましたが、経営破綻によって倒産してしまいました。それでも日本一の出版社をつくるという夢を諦めずに再起をはかります。東京への進出も選択肢としてありましたが、郷土での活動にこだわり、昭和三〇年に岡山県で福武書店として再出発し成功した出版社です。[06]

会社が大きく成長していた昭和六〇年、瀬戸内海の島に世界中の子供たちが集《つど》える場をつくりたいとの想いを抱いていた福武哲彦は、直島の南側を教育的な文化エリアとして開発したいと夢を描いていた当時の直島町長、三宅親連《みやけちかつぐ》と会談し、直島の開発の約束を交わしました。[07]

この会談がきっかけとなり直島でのアート活動が始まります。開発を目指した場所は、平安時代の直島に配流された崇徳天皇の史跡が残る積浦《つむうら》地区の一角だったため、住民からはどのように開発されるのか不安視する声が上がり、直島町議会でも度々議題に上がりました。しかしそれは三宅親連の丁寧な説明により次第に理解されるようになりました。[08]

福武書店にとっての美術活動は直島が初めてではありません。すでに昭和四六年頃から福武哲彦によって、国吉康雄《くによしやすお》[09]や満谷国四郎《みつたにくにしろう》[10]、ピエール・オーギュスト・ルノワール[11]などの優れた作家の作品を収集して、岡山県の本社内に常時展示していました。

それらの作品を間近で見てきた創業者長男の福武總一郎は、中でも同郷岡山県出身の国吉康雄の作品に強く惹かれていたといいます[12]。平成二年には国吉康雄美術館をベネッセコーポレーションの岡山本社内に開館しました。国吉康雄の作品が持つ考えさせる力こそが、直島のアート活動の成功への確たる自信となりました[13]。

直島で最初に行った事業は、平成元年、安藤忠雄監修の「直島国際キャンプ場」でした。その場所にカレル・アペル[14]による作品《かえると猫》が常設され、これが直島における最初の現代美術作品となりました。

その後、美術館とホテルが一体となった安藤忠雄設計の「ベネッセハウス 直島コンテンポラリーアートミュージアム」が開館し、多くの現代美術のコレクションが展示されるようになりました。

開館当初は、館内だけで企画展を行っていましたが、「現代アートは豊かな自然の中にあってこそ、その本来の力を発揮できる」という考えのもと、屋外にも作品を設置するようになります。その代表的な作品が草間彌生《くさまやよい》[15]による《かぼちゃ》です。

以降、単に作品を購入して展示するのではないアート活動へと進化していきます。

平成八年、作家を直島に招いてそこで制作した作品を恒久展示する「サイトスペシフィック・ワーク」へと方針転換します。これが、ベネッセアートサイト直島の活動の基本になっていきます。

平成一〇年、本村地区の古い家屋を改修し、作家が空間そのものを作品にする家プロジェクトが始まります。人里離れた閑静な土地にある美術館が、人々が生活している集落へと広がりました。家プロジェクトの活動によって、使われなくなったり崩れかかっていたりする家をアートで再生させることで、その家の記憶やその集落の記憶を留めていくことができたのです。全国各地で、古い民家や町屋を改修して美術館やギャラリーにしているのをよく目にしますが、家プロジェクトはそれらの先駆的な活動でした。

豊島美術館に携わった内藤礼や建築家の西沢立衛も「家プロジェクト」に参加しています。内藤礼は「きんざ」という建物に《このことを》という作品をつくりました。家屋の土や壁などをそのまま生かし、そこに存在し続けた土地の記憶を感じられるような作品です。

平成一四年、西沢立衛が空間デザインをした「本村ラウンジ＆アーカイブ」が開館します。かつて農協のスーパーマーケットとして使用されていた場所を改修し、作家の書籍やポートフォリオを閲覧できるラウンジをつくりました。

やがて、この集落に都市部から移住してきた店主によって、本村地区に初めての飲食店「カフェまるや」が開店します。直島の人によって民宿「おやじの海」もできました。地元の人や移住者とともに、直島は賑わうようになりました。

平成一五年、岡山県の旧石出《いしで》小学校を舞台として期間限定の美術館「ラブプラネット展」が開催します。空間デザインは西沢立衛、作品は内藤礼や須田悦弘《すだよしひろ》、[16]秋元雄史《あきもとゆうじ》[17]などが出品しました[18]。

平成一六年、これまでの直島の活動の集大成として安藤忠雄設計の地中美術館が開館します。印象派の画家クロード・モネの作品を中心とした美術館です。

これが大きな転機になり、アートの聖地として世界の美術有識者たちが注目し始め、世界の人々が一度は訪れたい場所として評価されるようになりました。海外の雑誌では、「パリ、ドバイ、直島」と世界三大名所として紹介されています[19]。

平成一八年、「直島スタンダード２」展が開催されます。平成一三年に行っていた美術展スタンダード展の続編です。直島の家や施設、商店、路地など島全体を舞台にして、アートの日常化に取り組みました。宮浦港が建築家ユニットSANAA《サナア》によって「海の駅なおしま」として新しくなりました。それまでは、一部の地域だけの活動に留まっていましたが、島の玄関口からアートを感じられるようになりました。

直島スタンダード2展を機に、島の風景を再生していくことを目的とした「直島コメづくりプロジェクト」が始まります。米づくりと美術作品、手法は違いますが、本質的には創造行為であることには変わらないと、地元の人と職員がともに、ものをつくる難しさも歓びも学んでいます。豊島においては、棚田プロジェクトとして、春の田植えや秋の収穫など、地元の人や自治体と協力し合いながら行っています[20]。

直島には、安藤忠雄が設計した南寺《みなみでら》ポケットパークトイレがあります。これは直島町が安藤忠雄に設計の依頼をした初めての建築です[21]。かつて三宅親連と福武哲彦が描いた夢を引き継ぐかのように、官民で協力しながら、文化的な島へと進化し続けています。

そして平成二二年、瀬戸内の島々を舞台に国際的な現代アートの祭典として瀬戸内国際芸術祭が開幕します。香川県や地元自治体、企業も実行委員会に加わりました[22]。この長きにわたって実績を積み上げてきたベネッセアートサイト直島の一連の美術の活動は、直島町という小さな自治体だけではなく、行政や他企業にまで影響を与えたのです。

平成二四年、地中美術館や豊島美術館を運営する財団が、基本理念が通ずるベネッセグループの財団と合併し、新たに福武財団として生まれ変わりました。そのことによりアート部門に限られていた活動が、より地域社会に影響を与えるような文化的な活動として進化していきました。

福武書店は、今では、日本最大規模の教育出版社であるベネッセコーポレーション、日本最大規模の美術財団の福武財団として成長しました。近年、福武總一郎は公益資本主義という新たな経営概念を提唱しています。企業が文化や地域復興を目的とする財団を設立し、財団が株式会社の大株主となり、その株の配当金を資金として財団が活動するというものです[23]。

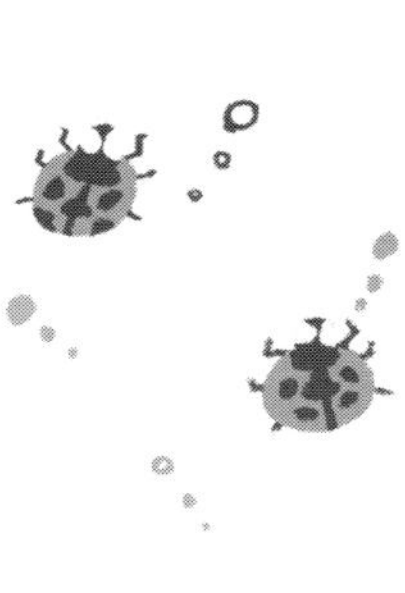

「よく生きる」を考える

直島の開発を目標として始まったアートの活動は年を追って進化していき、香川県や企業にも大きな影響を与えるイベントとなりました。世界中から年間一〇〇万人もの人が島を訪れるようになり、瀬戸内の島に関心がなかった人々も魅力に惹かれていきました。

これほど注目されるようになった瀬戸内海の島々ですが、かつては今のように必ずしも高い評価を受けていたとはいえませんでした。

平安時代には太上天皇を島に配流し、江戸時代には罪人を極刑として島流しにしていました。明治期には、島に工場をつくり汚染物質を垂れ流していました。昭和期の戦時中には毒ガスを製造する島や、ハンセン病患者を隔離する島も現れました。人目に付きにくいことを良いことに、都合の悪いものを島に押し込めるようになっていたのです。

社会の都合が悪いものを地方に追いやる問題は、国内問題に限ったことでもなく、過去の話でもありません。世界でも同じようなことが行われていて、経済大国で使われなくなった自動車や家電などを、アジアなどの貧困国にリサイクルを名目に輸出し、最終的にごみの行き場になっています。

福武書店の出版業として始まった事業は、瀬戸内を舞台としながら、だんだんとアートを通して社会問題を考える場所をつくる事業へと変容していったと思います。

福武財団を含むベネッセグループにおいては、「経済は文化の僕である」という考えのもと、より良い社会を創造することを目的にしています。ベネッセ（Benesse）とは、ラテン語のbene〝よく〟とesse〝生きる〟を組み合わせた造語です。ベネッセアートサイト直島の活動は、その理念を人々の暮らしのある実社会にそのまま試して、それを社会全体に活用するという壮大な挑戦でした。「よく生きる」とは何かと考える場を提供して、一人ひとりが考え、それを気づくというものです。経済的な豊かさが人を豊かにするのではなく、これからは生きがいや感動など心の充実感こそが社会を先導すべき考えていたのです。

島は、都会ほど経済的に恵まれていなくても、みないつも笑顔あふれる生活を送っています。日本が経済発展をしていくなかで、日本人が忘れてしまったものが瀬戸内にはあります。ベネッセアートサイト直島の活動は、美術を見せることだけではなく、よく生きるとは何かを考える場をつくっているのです[24]。

島で暮らしてみれば、みなとても心が豊かであることが実感できます。島の生活は確かに不便なことが多いのですが、真の豊かさを実感することで、私は生きることの価値観が変わってきました。

数年前までは、瀬戸内の島を訪れる外国人はアート鑑賞目的の欧米人が多かったのですが、ここ最近は、アジアやアフリカなど世界中の国や地域の人々も増えました。来島の目的はアート鑑賞だけではありません。急激に経済成長する国の人々が、その犠牲になりうる問題や、過疎地区を再生する手法を学んでいます。

直島や豊島は、世界中の人々が社会問題を考え、それを解決するための方法を学ぶ生きた教科書になりつつあります。

地中美術館

平成一六年、自然と人間との関係を考える場所として、直島南部の瀬戸内海の島々が一望できる棚状塩田の跡地に、地中美術館がつくられました。風景と土地の歴史を損なわないようにつくられたため、地中美術館には外観というものがなく、名称どおり地中にある美術館となりました。

建築は安藤忠雄、作品は画家クロード・モネ、現代美術作家のジェームス・タレル、ウォルター・デ・マリアの作品を恒久展示しています。

安藤忠雄が設計した重厚感のあるコンクリート建築、そして自然の風景美のある環境との対比は見るものを魅了します。地下にありながら柔らかな自然光が降り注ぎ、一日を通して、また四季を通して美術館の空間の表情が刻々と変わります。

地中美術館の依頼を受けた安藤忠雄は、厳島《いつくしま》神社や伊勢神宮のように建築と自然が一

体化したような建築をつくりたいと考えました。(25)

建築の最大の見どころは、建物中央部にある地下三階から地上までそびえ立つ高さおよそ一三メートルの巨大な三面壁です。それを、刃物で切り裂いたような切れ込みが、緊張感を高めています。安藤忠雄の最高傑作だと呼び声が高い美術館です。

作品の中心は、クロード・モネが最晩年に制作した《睡蓮《すいれん》》です。三〇年ほど前、福武總一郎は、先代の福武哲彦が収集していた印象派の画家たちの作品をベネッセコーポレーションの東京本社内に設置する計画を持っていましたが、「今さら東京に印象派でもないだろう」と計画を取りやめていました。(26) それから一四年越しで、印象派の中でも最も偉大なクロード・モネの作品を展示する美術館が直島につくられたのです。

クロード・モネの展示室には《睡蓮》の絵が五点展示されていて、どの作品も幅一メートルを越える大作ばかりです。一番大きな作品は幅六メートル、高さ二メートルとクロード・モネが生涯描いた作品の中でも最大級の一つです。この大きさの作品は、地中美術館の他では、パリのオランジュリー美術館などが八点保有しているだけのとても貴重な作品です。(27)

クロード・モネは、展示空間も視野に入れた制作をしていて、地中美術館でもモネの構想を念頭においた展示方法をとりました。

展示室には細部に至るまで、工夫が施されています。展示空間内に、無駄な直線をなくすように床面には七〇万個の大理石を敷き詰め、壁と壁の設置面には、緩やかな曲面を使用しています。[28] その上で、作品を自然光で見せるという大胆な展示です。

クロード・モネの曾孫であり、美術研究家のフィリップ・ピゲは、地中美術館の展示室を見て「私はこの部屋に入るとクロード・モネの池で溺《おぼ》れそうになる」と称賛しました。[29]

クロード・モネは、美術業界に大きな衝撃を与え、後世の作家に甚大な影響を与えた人物です。新古典主義や写実主義など、印象派が登場するまでの西洋画では、神話や貴族を主題とした写実的な絵画が描かれていました。

ところが、クロード・モネが明治四年(一八七二)に発表した《印象・日の出》により、絵画の世界は大きく変化することになります。当初は「制作途中の絵だ」などと冷笑されましたが、次第にこれを支持するピエール＝オーギュスト・ルノワールらの作家が現れ、彼らとともに印象派と呼ばれ評価されるようになりました。

そして、印象派以降クロード・モネを追随して、フィンセント・ファン・ゴッホ[30]やポール・セザンヌ[31]らによる後期印象派、パブロ・ピカソ[32]らによるキュビズム、ピエト・モンドリアン[33]らによる新造形主義へと絵画はだんだんと抽象化され、ついには、画家だったマルセル・デュシャン[34]は油彩画を放棄して小便器にサインしただけの作品をつくるようになりました。

印象派の登場以降、良くも悪くも美術界は、常に新しい表現方法を探求するように変化していきました。

晩年は白内障のためほとんど目が見えない状態のクロード・モネでしたが、必死に光を捉えようとこの世を立つ直前までキャンバスに向き合い、生涯にわたって光を求めた画家でした。地中美術館は、クロード・モネを中心に作品の構成がされていて、現代美術の光の作家としてジェームス・タレルが選ばれました。ジェームス・タレルは、光そのものを芸術として提示し、彼の作品に造形物は存在しません。

ジェームス・タレルと安藤忠雄の共演は、すでに家プロジェクトの「南寺」で実演されていました。「南寺」はすでに使われなくなり取り壊されていましたが、直島の人々の精神的な拠り所だった寺院の記憶を留めようと安藤忠雄によって新築され、ジェームス・タレルの光の作品を設置しています。

南寺の作品は、光のない暗闇の中から、次第に光が浮かび上がってくるというものです。地中美術館の作品は、青い光の空間に包まれる体感ができる作品です。

地中美術館のもう一人の作家ウォルター・デ・マリアは、直径二・二メートルの球体と二七体の金箔を施した木彫を配置し、展示室の空間全体が作品となった展示をしています。彼の代表作の大地に柱を並べ稲妻を作品にしたライトニングポールが象徴するように、地球のエネルギーそのものを作品にする制作を行っています。

作品の置かれた空間自体を作品として捉えるインスタレーションという手法は、彼らが先駆的につくり上げてきたもので、「現代美術」の基礎になりました。

地中美術館は、開館して一〇年以上経ちますが、人気は衰えることなく、それほど質の高い美術館だということを証明しています。

地中美術館と豊島美術館は、建築家も作家も異なるため関係性のない美術館に見えますが、実はこの二つの美術館は企画が連続しています。地中につくった地中美術館に対して、地上につくるという意味合いで、豊島美術館は地上美術館と仮称で呼んでいた頃もあるほどです(35)。

豊島美術館は地上に立った時に見える無限遠《むげんえん》の空間を人工的につくるという、内部空間からその構想が始まりました。地中美術館は地下の闇の中から光を求めるものに対して、豊島美術館はすでに光のある地上に、光や美を求めるものでした。

そして、二つの美術館は、自然と建築と作品が一体となるような共通の基本構想です。表現方法や形は全く違いますが、企画やコンセプトが連続し、どちらも自然との共存を考える場所を目指してつくられました(36)。

豊島美術館の構想当初、福武財団は西沢立衛に光をテーマにした建築を求め、美術館の作品には、二人の作家による音の作品と色の作品を置くことを念頭につくるように計画は進んでいました。しかし構想を練っていくうちに、作家は内藤礼の一人になり、その作品は音も色もない静寂かつ無色透明な水が素材になりました。

また、豊島美術館はもともと直島の地中美術館の近くに設立予定でしたが、直島ではなく豊島にあるべきだと、設立場所が変更になりました。

美術館を豊島に

直島と豊島は隣の島ですが、島として歩んできた背景がまるで異なります。

直島での事業開始当初、離島にアートを持ち込んで事業を行うことは前代未聞で、懐疑的な人が多かったようですが、活動への評価は年を増すごとに高まりました。また、美術的な視点だけではなく、お年寄りが元気になっていく姿や若者の定住などによる地域再生、環境問題への意識の高まりなど、多視点で賞賛されるようになりました。

その後、直島の美術は常に進化していて、美術館や美術施設は数え切れないほど増えました。開業初年度は年間一万人だった観光客数が、瀬戸内国際芸術祭初年度には、六三万人と驚異的に伸びていきました(37)。

このように、いま直島はアートの島として名を馳せていて、世界中の人々が直島に訪れています。美術館を取り巻く観光業によって地域経済を牽引《けんいん》しているようにも見えますが、むしろ直島の経済は三菱マテリアル社の直島精錬所の工場が牽引しています。

最初、この精錬所工場は、直島ではなく豊島への建設を計画していました。

しかし、豊島は農業が盛んな土地柄ということもあり、巨大工場の設置には住民の支持を得ることはできませんでした。そして、企業誘致に積極的だった隣の直島との交渉の末、公害・煙害を防止することなどを条件に精錬所設置が決まったのです。そのおかげで、過疎化の進む直島には雇用が創出され、自治体には大きな税収入が入り、経済的に大きく富んだ島に成長していきました。

直島に美術館ができてからは、地元のお年寄りが観光客のために自宅のトイレを貸したり、作品を解説したり、若い人や外国の人と話す機会が増えるようになっていきました。民宿や飲食店などの事業を始める人も増え、みな歳をとるごとに元気になっていきました。都会から若者が定住し、飲食店や民宿を営み、美術館をきっかけに島全体が活気ある島になっていったのです。

一方で豊島は、経済よりも豊かな自然とともに暮らすという、それまで通りの長閑《のどか》な生活を送ることを選びました。ところが、産業廃棄物の不法投棄による事件が起きたことで豊島住民は疲弊し、かつて盛んであった一次産業は風評によって衰退の一途を辿っていました。

その影響もあって、年々と人口減少が進み、商店や農業の廃業をやむなくされた人もいました。かつて賑わっていた唐櫃の棚田は、ほとんどが休耕田となり次第に荒れ果てていました。

皮肉なことに、この莫大な廃棄物の処理は、直島の三菱マテリアル社の精錬所工場の敷地内で行われ、その処理に掛かる補助金は直島町の税収にもなっていました。

年々、島が活性する直島と、島が疲弊している豊島の現状を間近で見ていた福武總一郎は、豊島の人が自らの島に誇りを持ち、本来もっている島の豊かさをアピールできるものをつくりたいと考えるようになりました。

豊島にこそ美術館をつくり、豊かで美しい環境を知ってもらうべきだと考え、直島につくる美術館の計画を豊島に変更したのです。場所は豊島の豊かさを象徴する棚田の中に決めました。

福武財団は活動の拠点を直島と豊島を中心に据え、直島には「アートと建築」、豊島には「食とアート」というテーマを提示して活動するようになりました。豊島では美術館設立と同時に棚田の再生への取り組みも始まり、食とアートで新たな島づくりが始まりました。

アート鑑賞を目的として瀬戸内の島に訪れる人は、豊島も直島も同じアートの島と認識する人が多いですが、島が背負ってきた歴史は大きく異なっています。

豊島美術館

平成二二年、稲穂が黄金色に輝きだした頃、豊島美術館が開館しました。

豊島美術館は、作品がたった一つしかない世界でも稀な美術館です。建築設計は建築家の西沢立衛、作品は作家の内藤礼、作品名は《母型》といいます。

施工は直島のベネッセハウスや地中美術館などを担当してきた鹿島建設によってつくられました。施主は福武財団で、福武總一郎理事長のもと、当時地中美術館の館長を務めていた秋元雄史らが基本構想し、その後、徳田佳世《とくだかよ》が担当キュレーターとして引き継ぎ完成しました[38]。

世界一の美術館をつくろうと、着想から完成までおよそ六年もの歳月をかけて、少しの妥協も許さず、沢山の人が労力を重ね美しさを極めた美術館です。

作品は一点のみで、床にある無数の穴から水が湧き、ゆっくりと床を流れ、小さな水たまりになります。時間を追うごとに、水たまりは大きくなり、日没になる頃には大きな泉になります。水がまるで生きているように見え、自然の生命の美しさを感じることができます。

場所は、豊島の棚田の中にあります。棚田の風景を復活させながら、過疎化が進んだ島全体を再生させて、美しい島の風景を世界中の人々に見てほしいとの願いを込めました。

直島から豊島に設立場所を変更したことにより、着想当初に用いていた地上美術館やn-museumという名称は使われなくなり、最終的には、豊島美術館になりました。

豊かな森に恵まれた豊島は、島そのものが水の貯蔵庫になっていて、木や土が濾過《ろか》した清らかな水をつくり、それが農産物を生む生命の源になっています。豊島美術館の名称は、単純に豊島にあるから豊島美術館としたのではなく、水が豊島の豊かさを象徴するものとして、そう名付けられたのです。

自然の恵みや海の景色、棚田の風景を感じることのできる美術館の立地は、作品を鑑賞するのには申し分のない環境です。

日本の新聞で最も建築の美しい美術館で一位に選ばれたり、海外の日本美術を紹介した書籍で表紙を飾ったりするほど、日本を代表する美術館になっています。自然環境、建築や作品、どれをとっても世界に類がないほど美しく、日本のみならず、世界中の人々の耳目を驚かす美術館なのです[39]。

世界初の建築

豊島美術館の外観は、水滴の形をしていて、シェル構造でつくられています。土を盛った上にコンクリートを全面に流し込むという近年ではほとんど使われなくなった古代の建築構造です。コンクリート一枚造でできていて、これは世界初の建築です。

そのため、この建築には柱が一本もなく引張力のみで建物を支えているのが特徴です。

豊島美術館と設計者の西沢立衛は、平成二四年に日本建築学会賞（作品賞）を受賞しました。「新しい建築概念を提示した」と評価されました。

西沢立衛は、豊島美術館の建築を個人事務所として設計を担当しましたが、普段の作品は妹島和世《せじまかずよ》との建築ユニットSANAA（Sejima And Nishizawa And Associates）として活動する建築家です。

SANAAは、平成二二年に建築界のノーベル賞と言われる米国のプリツカー賞を受賞していいます。平成八年と平成一八年には日本建築学会賞(作品賞)、平成一六年には伊国のヴェネチア・ビエンナーレ第九回国際建築展で金獅子賞、平成二五年には仏国の銀の定規賞など、建築界において世界の名誉ある賞を総なめにした著名な建築家です。代表作には金沢21世紀美術館やルーブル美術館ランス別館、ロレックス・ラーニングセンターなどがあります。西沢立衛の個人の代表作には、十和田市現代美術館や軽井沢千住博《せんじゅひろし》美術館などがあります。

これらの建築の特徴は、建物自体が主張せず、周りの環境に対して開放的なので、自然と建築が呼応しあうことにあります。

特に、豊島美術館は、建物の中に自然を取りこんだ極めて日本らしい建築です(40)。日本人にとっては近未来的で西洋的な印象のある美術館ですが、海外の人にとっては、日本の伝統建築の趣があるように見えるようです。建物全体が日本家屋にある縁側や軒下あるいは店先の暖簾《のれん》のように内と外の境がないような中間領域のある極めて日本的な雰囲気を持っているそうです。

中に入ると自然に対して開放的なので、建物の中にいながら中庭や庭園の情緒を楽しめる日本家屋のような感覚を持ち、建物の中に自然が生きている建築は日本的にみえるのです。

西沢立衛の建築は、自然の環境に近い自由曲線を使い、その土地の起伏や曲面に合わせた自然に適《かな》うような構造の建築です。西沢立衛の制作過程は、決められた目標に向かって製図するのではなく、その時の状況に合わせて構造を変えながら製図していきます。そのため施工段階においてでも、柔軟に自由曲線で対応できるようになっています。

妹島和世の建築は、ミース・ファン・デル・ローエ(41)の初期作品のような矩形《くけい》の面を緻密に計算してつくり上げるような建築で、円形や矩形を駆使した形の美しさがあります。

SANAAとして活動する二人は、同じような方向性を持っていますが、微妙な意識の差があります。西沢立衛は、妹島和世から「(豊島美術館は)私ならもっと奥を開ける」というようなことを言われたようで、SANAAとして豊島美術館の依頼を受けたのであれば、少し違った建築になったのでしょう(42)。

自然と調和

西沢立衛は、自然と建築が有機的に融合することを目指し、美術と建築、建築と環境が決して対立しない一体化したものをつくろうとしました。

瀬戸内の島は、人工物に囲まれた環境ではないので、都会にある建築物のようなものではなく、ずっと昔から存在していたような、自然と調和した建物をイメージしていました。そのため、構造段階では、建物の形が目立つものではなく、丘を少し改造したくらいのものでした。

西沢立衛の普段の建築では、アクリルやステンレスなどの素材が使われますが、豊島美術館では、自然から素材の砂を調達できるコンクリートを使うことにしました。瀬戸内の島では防波堤や地面などにコンクリートが使われているので、かえって自然景に馴染みがあると考えていました。

美術館建築には、「光」というテーマが求められていて、空間全体に柔らかい光がかかるようにしました。また、空間に一方的な光が入ってくるのを避けるために、開口部を二つ設けることで柔らかい光を演出し、光の出先が同時に見えないように、両端に置きました。こうすることで、光と風を感じて、自然環境と大きなつながりを感じられる場所となりました。

外観は、空間を包み込むような閉鎖的で小さな建物に見えますが、内観は外に開かれた空間が演出されています。同じ一枚のコンクリート構造であるのにも関わらず、内と外で対照的な印象です。

美術館の入り口は、地下から入る案もありましたが、階段や手すりなどが必要となり、従来の建築物になってしまうので、一箇所を引っ張って小さな入り口をつくりました。

構造設計

豊島美術館は、他の美術館のように施主や建築家など誰かの意見一つが尊重されて進めていくものではなく、建築、環境、構造、施工、美術に携わる全ての人が一体となって進められるプロジェクトでした。

まず、西沢立衛の持ち出した屋根の低いドーム型の建築を実現するために、構造設計を佐々木《ささき》睦朗《むつろう》[43]、施工を鹿島建設とともに協同で進められました。

この建築の最大の特徴は、世界にも類を見ない屋根の低いドーム型のシェル構造を、一枚のコンクリートでつくったことにあります。これは日本の最先端のコンピュータ技術の伝統工法が可能にしました。

ドーム型建築の歴史は、二〇〇〇年前に建てられたローマのパンテオンまで遡り、非常に歴史ある構造で、豊島美術館は古さと新しさを兼ね備えた最先端のドーム型建築になりました。

シェル構造でこの低さは史上初で、豊島美術館の建築の実現へは、突破すべき難題が多くあったことが、佐々木睦朗の著書『構造・構築・建築　佐々木睦朗の構造ヴィジョン』(44)で語られています。

ドーム型のシェル構造は、通常、競技場など巨大施設を持ち上げる構造に使いますが、豊島美術館は、それを逆の使い方にした低いドーム型建築です。それだけでもつくる難度は非常に高いものですが、自由曲面でつくることになり難度はさらに高まりました。

一般的にドーム屋根は頂部が高いほど、アーチ状の半円に近づき構造が安定します。頂部が低ければ、補強材は増え、コンクリートを厚くせざるを得ません。幾何学局面の建築だと設計の計画が立てやすいですが、自由曲面の建築は、緻密な構造の計算が必要になります。

しかも柱を用いない建築なので、屋根を重力方向に支えるのではなく、横への負荷だけで建物を支えなければなりません。自由曲面の形態の上、二つの大きな開口部があるなど、求められることが多い建築でした。

前例のない特殊構造をつくるために、土で型枠を採用することにより、構想を実現する物理的な手立てを導き出すことができました。佐々木睦朗はコンピュータを駆使した解析で、西沢立衛が目指した線の細い建築をさらにスタイリッシュに美しく仕上げていきました。強度ある建築がより美しいものへと実現できたのは、佐々木睦朗による構造設計の功績が大きく作用していました。

近年の建築ではまず使用しない工法であるがゆえ、豊島美術館は、地震動レベル二に耐えうるかどうかなど外部機関による高度な検証を行いながら、安全性を細かく分析しました。佐々木睦朗が導き出した計算はほぼ正確でした。開口部の周りの一部が、局所的に弾性限界を超えてしまったため、多少の修正をした上で、結果的にコンクリートの厚みは二五〇ミリメートル、最頂部は高さ四・六七メートルになりました。

僅かに躯体《くたい》が大きくなったものの佐々木睦朗による構造設計のおかげで、薄く低く美しい躯体の構造が認められたのです。

つまりこの建築は、これだけ薄いコンクリートの厚みで、屋根の低いシェル構造であるにもかかわらず、阪神淡路大震災クラスの地震にも耐えうる強固な構造なのです。

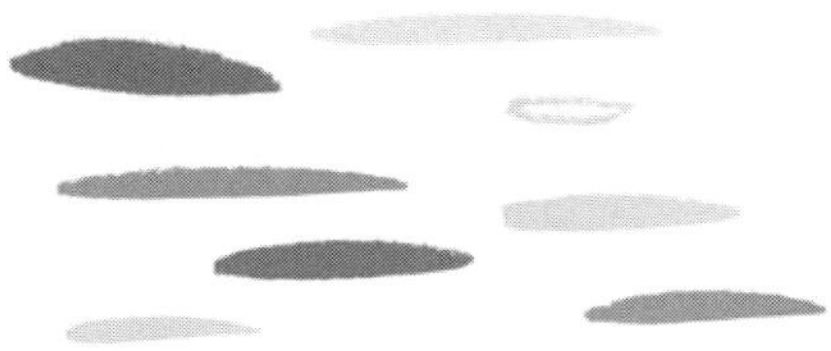

伝統建築と現代建築

豊島美術館は、世界の建築史で語られていく名建築です。

近年の建築業界には、常に新しいデザインが求められていて、その実現のため建築家たちは高度なコンピュータ解析が可能にした構造設計を用い、強い鉄骨とコンクリートを用いて難しい建築に挑戦しています。

災害の多い日本では、新しいデザインが求められつつも、より耐震に強い構造が求められてきました。そのため、従来の建築の工法に固執せず、地震などの災害に耐えてきた歴史的建造物を参考にしてつくるものが現れました。

例えば、平成二四年に発表されたザハ・ハディッド案の新国立競技場は残念ながらアンビルドに終わってしまいましたが、日本の橋をつくる技術を用いて建設する予定でした。

日本の橋の技術は、世界に誇る特別なものです。神社建築においては、社殿は宮大工がつくりますが、橋は船大工がつくります。日本の気候は、雨が多く、湿度が高く、川の氾濫もあり、橋は水に対応できる高度な技術を持つ船大工に委ねられています。

平成二四年に設立された東京スカイツリーは、飛鳥時代に造られた法隆寺の五重の塔の構造を参考にした構造です。五重の塔は、中央の心柱《しんばしら》が制振《せいしん》の役割をしていて、一三〇〇年もの間、木造でありながら一度も倒壊することもなく立ち続けています。その制振構造を採用した東京スカイツリーは、建設の真只中に大震災が起きても倒壊しませんでした。形態は、日本刀にみられる反《そ》りと起《むく》りの造形美を演出しています。

これらの建築に共通していえるのは、全く新しい建築に見えても、地形や風土といった自然とともに長い歴史の中で、先人達が培ってきた叡智と日本の美を生かしていることです。

豊島美術館もまた、日本の伝統的な叡智のおかげで、実現に至りました。

美術館のつくりかた

豊島美術館は、鉄筋コンクリート造の打ち放しを、一枚のコンクリートでつくることになりました。

これは、地震大国の日本でこそ実現できる工法でした。

コンクリートは圧縮には強く引っ張りには弱いという欠点があります。鉄筋は強度や粘りがありますが、火や錆《さび》には弱さがあります。そこでコンクリートに鉄筋を入れることで引張応力に対抗でき、コンクリートが鉄筋による酸化を防ぐことができます。

こうして互いの弱点を補う鉄筋コンクリートが考案されたのです。それまでの主流だった木造建築から、鉄骨を中に入れたコンクリートの枠組みを積み重ねる構造へと変化しました。

日本で鉄筋コンクリートが広く一般的に導入されるきっかけとなったのは、大正一二年に都市部を襲った関東大震災です。地震の威力は凄《すさ》まじく、震度七以上の都市部直下型の地震は、建物を次々と破壊しました。

ところが、鉄骨や鉄筋コンクリート造の建物の半数以上は無被害もしくは小破損で済み、震災によってそれらの耐久性が実証された形となりました。そのなかで、日本の耐震設計を採用したビルの多くが被害を免れました。しかし地震の少ない欧米式の構造を採用したビルの多くは被害を受けてしまいました。そのことから、日本の構造設計の信頼性は世界で一気に高まりました。

日本では、この震災が教訓となって倒壊と火災の両方に強みを持つ日本独自の鉄骨や鉄筋コンクリート構造技術のさらなる確立が求められました。主材料であるセメントが国産で十分に間に合うこともあり、日本の建築のものづくりはそれらが主導していきます。

豊島美術館の自由曲面をつくれるシェル構造は、日本のものづくりの技術向上とコンピュータを駆使した近代化による、より強い構造設計が相まって可能になったものです。[45]

その技術革新によって理論上では、豊島美術館をつくるための耐震素材と構造設計の条件が揃いましたが、世界初の建築の実現のために立ちはだかる難題がまだまだありました。

建物の高さが建物の幅の約八分の一という世界でも類を見ない低い屋根のシェル構造、厚み二五〇ミリメートルという薄いコンクリート造、幾何学形態ではなく自由曲面とする工法、加えて、ただつくるだけではなく美術館としての美しさも求められました。

これらの難題は、鹿島建設の豊富な経験と知恵に委ねられました。美術館の施工状況については、『PLOT 04 西沢立衛[46]』に詳しく掲載されていますので、こちらを中心にして、一、つくり方を考える　二、土を盛る　三、コンクリートを流し込む　四、床をつくる、という順で振り返ります。

一、つくり方を考える

コンクリート一枚でつくる美術館ができれば、世界唯一の歴史的な建築となります。工法は、日本を代表する総合建設業者の鹿島建設に委ねられました。陣頭指揮は、中国支店の建築工事部長（当時）を務めていた豊田郁美《とよだいくみ》が執りました。

豊田郁美が提案したのは、なんと鎌倉時代の大仏制作と同じ方法でした。土を盛って型枠をつくり、その上にコンクリートを流すというものです。

施工主の鹿島建設は、直島における安藤忠雄の建築を初期段階から担当していて、西沢立衛が設計するこの建築にも企画段階から積極的に関わりました。

直島での安藤忠雄の建築は、コンクリートは重厚感のある使い方を求め、自然の中でのエッジの効いた緊張感と、木の型枠がもたらす美しい木目にこだわりました。通常の鉄筋コンクリート造は、四角の型枠を積み上げて使うため特有の直線的な表情があります。特に打ち放しの建築の場合、直線の継ぎ目とコンクリートの鋭利な角度が表に出ます。この特性を生かし、コンクリートと自然を対比させることで自然の美しさを際立たせました。

しかし、西沢立衛は豊島美術館においてはむしろ、コンクリートに自然との馴染みをもたらし、調和しようと考えました。

豊島美術館で特に困難を極めたのが、床面の最長幅が六〇メートルに対し、屋根の最頂部を四・六七メートルに抑えることでした。これほど低いドーム型建築は世界初です。美術館の特性上、自然体で躯体の美しさを追求し、ジャンカやコンクリートの継ぎ目も見せたくありませんでした。ベニヤなどを型枠に使った曲面打設では、形状に誤差がでたときの修正にも時間がかかります。

高い精度を確保しながら、美しい曲面をつくれる型枠はないかと、方法を模索した末にたどり着いた答えが、土の型枠でした。

二、土を盛る

土の型枠であれば、細かな調節ができ誤差が少なく抑えられます。すでに鎌倉時代に、盛り土での土枠を用いた巨大鋳造物は実現しています。これをコンクリートで実施しました。そして、さらなる精度を上げるために、砂を使って成形される船舶のスクリューの鋳造製造がヒントになりました。

日本の鋳造の歴史は、およそ二〇〇〇年前の弥生時代の銅鐸《どうたく》に遡り、今でもその工法は基本的に変わっていません。

その時代につくられた日本最古の銅鐸には水紋が描かれています。日本最古の鋳造が水のデザインならば、最新の鋳造技術でつくられた豊島美術館もまた水のデザインなのです。

豊田郁美は、地中美術館の施工の経験から、このあたりの島では、粘り気の少ない良い真砂土《まさど》が出ることを知っていました。そこで造成工事で処理するはずだった土を、逆に利用して盛り土をつくることにしました。

前例のない構造のため、何度もモックアップ（実寸模型）で検証し、精度よくかつ美しく仕上げるために、配筋や仕上げ方など一つひとつ疑問を解決して、実現性に手応えを掴《つか》んでいきました。

そして、図面や構造設計、施工方法が確立したところで、いよいよ施工が始まります。まずは、支保工となる盛り土の成形です。盛り土型枠の精度次第で、コンクリートシェル構造の強度も左右されるため、十分な耐力があることを確認しながら慎重に作業が行われました。

職人が重機でしっかり土を締め固め、高いところは盛り、低いところは削るといった細かな作業をしながら、土枠が変形しないように、精度よくつくっていきました。

木の型枠なら、センチメートル単位の誤差はあり得ますが、極限までコンクリートの厚みを薄くした構造設計を実現するためには、誤差を五ミリメートルに抑えなければなりません。この高精度の施工を実現すべく、光波《こうは》によって三次元の距離を測ることができるトランシット（セオドライトともいう）という測量機器を使用し、土を成形していきました。

土の成形を終えた後には、表面にバッサモルタル（セメントの一種）を薄く塗り、最終的な精度を出します。これは盛り土が雨に打たれて変形するのを防ぐとともに、打設したコンクリートの表面に土が付着することを防ぐものです。打ち放しコンクリートでつくるため、この盛り土の表面は、美術館の内観そのものとなって現れます。そのため特に慎重な作業でした。

盛り土が終わると次の作業は、配筋作業です。コンクリートシェルの厚みは、二五〇ミリメートルまで抑えられることが分かっていたので、この薄いコンクリートの内に収まるように、鉄筋工の職人がその線の上に高い精度で配筋していきました。

盛り土の表面に小さな傷や落ち葉があると、それだけで作品と建築の美しさが大きく損なわれてしまいます。盛り土を傷つけないように細心の注意を払い、鉄筋の隙間に入った落ち葉は毎日のように手作業で拾い出しました。総鉄筋量はおよそ一五〇トンにものぼり、配筋作業だけでおよそ一ヶ月を費やしました。

通常のコンクリート建築は、木枠でつくるため木目が見えますが、豊島美術館は、土枠でつくったので土の表情が見えます。

三、コンクリートを流し込む

配筋の作業が終わると次は、そこに大量の生コンクリートを流し込む作業です。コンクリートには、通常のものより白さのあるホワイトセメントを使いました。必要なコンクリート量はおよそ六〇〇立方メートルです。これを継ぎ目なく滑らかに打つために、天候の安定した冬の晴天日にひと息に打設することを決めていました。

しかし、豊島内には高強度コンクリートのプラントがないため、高強度の生コンクリートを大量にどこから調達するか、どのようにして仕上げるのかなど課題がありました。コンクリートは、島外から運搬する必要があります。豊島に一番近い岡山県のプラントから、定期船で生コンを運搬するとしても二時間ほどかかる上、定期船では十分な台数のミキサー車を輸送することができません。

直島の地中美術館の場合、コンクリートの総量はおよそ八〇〇〇立方メートルと豊島美術館の一〇倍以上の量でしたが、一度にそれを必要としないつくり方のため、岡山県からの輸送でも可能でした。

そこで、建設現場近くの豊島唐櫃港にプラント船を停泊させて、豊島で生コンクリートを製造することで、新鮮で良質なコンクリートの供給が可能になりました。

一枚のコンクリートを屋外で一度に打つことを決めていたため、作業は十数時間かかると想定されました。失敗が許されない一発勝負のため、天候にも繊細な注意を払う必要があります。

打設予定日は事前の天気予報では晴れでしたが、作業当日、午後に小雨が降るかもしれないという予報が出ました。小雨なら決行しようとしていましたが、プラント船の船長が「夜中に風速一〇メートル以上の風が吹く」と言い出したため、直前まで実施するかどうか考えた末、翌日への延期が決定されました。結果的には、小雨ではなくしっかり降り続いたので、船乗りの天気を読む感覚は見事でした。

もし、強い雨が降るなかで作業をしていたら、雨のせいで表面がただれたような表情になるか、ボコボコの跡が付いていたかもしれません。それでは美しさを求めた美術館が台無しです。

翌日の平成二二年三月一一日、豊島美術館の躯体の打設が始まりました。継ぎ目なしの天井を実現するために、コンクリートを休むことなく打設しなければなりません。高品質なコンクリートを打つための作業は、一時間に二〇立方メートルから三〇立方メートルを目安に、地表部から上部に移動するという作業を繰り返し、進めました。

午前九時から始まった作業が終了したのは翌日の午前六時で、昼夜を徹しての作業でした。

打設したコンクリートの表面がそのまま仕上げとして見えるので、その後、左官《さかん》職人が表面を金ゴテで丁寧に仕上げていきました。全ての施工作業は実に二六時間にも及びました。

四、床をつくる

コンクリートを固めるために、およそ一ヶ月の養生《ようじょう》期間を置き、土を除却する作業に入りました。

大まかな土は開口部から重機で運び出し、残りは盛り土型枠を傷つけないように手作業で丁寧に取り除いていきます。

全ての土を取り除いた後は、いよいよ内藤礼の作品のための作業です。平成二二年七月に床のコンクリートが打設されました。作品は床から水が湧き出て、時間が経つにつれて泉をつくる仕組みです。水は、地下一八〇メートルの井戸を掘って天然水を汲み上げて使っています。床には、直径二ミリメートルほどの小さな孔を一八六箇所に穿《うが》ち、そこから自然圧で放出しています。

もともと美術館建設地には、棚田で使っていた泉がありましたが、棚田が使われなくなっていくなかで、この泉も使われなくなっていました。美術館は元の地形に合わせた床面になっていて、結果的にもともとあった泉にほぼ近い形になりました。[47]

美術館の敷地内の植栽は、他から何か植物を持ってきて植えるのではなく、豊島に自生する雑草を選んでいます。[48]

一つだけの作品

床が打ち終わり躯体が完成すると、内藤礼は、一人美術館にこもり制作をしました。不規則に見える水の出量や動きは、内藤礼が自然と向き合って開館二週間前まで熟考に熟考を重ね調節したものです。そこにリボンやビーズ、糸、石などが置かれました。

内藤礼は「地上に存在することは、それ自体、祝福であるか」というテーマのもとに制作している作家です。豊島美術館においては、水や光や風などの自然の生気が主役になるように、人の手を加えることは、ほんの少しに限っています。

内藤礼は、豊島美術館において生命の誕生を表現しました。《母型》という作品名から母親の胎内の印象を持ちますが、必ずしも母親の胎内を表すものではなく、作品の英名《matrix》（＝生み出すもの）が表すように、生命に息吹を与える根元的なもの、無垢《むく》な力を受容する器、万物に命を与える母なる大自然と理解できます。[49] 開口部から入ってくる光や風も、雨や葉も、虫や鳥も自然が生み出す生命のひとつです。自然が織りなす歓喜や受苦、それら全てが作品として存在しています。通常の美術館なら光や雨、虫などは自然界の脅威《きょうい》として忌《い》み嫌い、作品から遠ざけようとしますが、豊島美術館はむしろ自然の全てを受け入れました。

豊島美術館の作品は主に、地下から湧き上がる水で形成されていて、源水は、豊島の豊かな環境が生んだものです。

無数の穴から生まれてくる水は、早朝から日没にかけて、美術館の中にゆっくりと泉をつくります。美術館に吹き込む風は、リボンや糸を通して見て取ることができ、肌で感じ得ないような僅かな風でも視覚で感じることができます。海と山と澄んだ空気の大自然の中、光も風も熱も音も匂いも、その全てをありのままに受容する器が「母型」です。

建築は主原料が砂のコンクリート、作品は自然水、たったこれだけの素朴な素材でつくり上げました。そのためか、この新しい美術館は、どこか懐かしいような雰囲気さえあります。人が工業製品を使って作品を創造する現代美術ではなく、自然の生命そのものを見せる工芸作品のようです。[50]

豊島美術館完成の九年前、内藤礼は、直島に《このことを》という作品を完成させています。内藤礼にとっては、これが初めての恒久設置の作品でした。それ以前の作品では、作品の横には常に内藤礼がいて、その場で一時間に一度、作品の手入れをするという形式を取っていました。そのため作家と作品は離れることがなく一緒にありました。

作品に何かが隠れてしまうことがないように、裸にしていくというのが内藤礼の空間に対する考え方です。《このことを》では、まず始めに建物の床と天井を取り払うと、普段は隠れてしまっていて誰も知らない「土」という存在があることに気づきました。誰がそこで生きて暮らしたのか、その土に人の強い生命力を感じたそうです。薄暗い闇の空間に、僅かに光が差し込み、外の様子や人の姿も知ることができました。土と出会ったことで、歴史と出会い、人にも出会ったのです。鑑賞者にもその土の記憶を感じてもらうような作品としました。

場所がその土地の環境を受容した時、その場所は豊かになるという事を知った経験は、豊島美術館においても自然を受容する場所づくりという考え方に繋がっていきました。

第二章で紹介した染織家の志村ふくみも、このように作品の中で自然の生命感を見せる作家です。彼女は自己の制作において「自然のものをほんの少し借りてくるだけです」といいます。その作品は、内藤礼とは表現が違うものの、日本人として根源的に持っている自然を尊崇する心が見えます。

豊島美術館に開口部を設け硝子《がらす》などを入れる案もありましたが、ありのままの自然を受容できるように、開口部は空けたままにしました。これにより、水や風などの自然そのものが作品となり、美術館は自然を受容する器となりました。

自然の息吹が通り、雨日には雨水も作品となります。日照りの日には水が煌《きら》めき、空が水を空色に染めます。光と風、水と人、何かと何かは常に関係していて、それは連続しています。人にも自然にも生命があり、地上に存在するもの全てが繋がっているのです。

森が雨水を蓄え、清純な水をつくり、農作物や動植物の生命の源になります。豊島美術館の作品は、端的に豊島の水を使った美的表現に留まらず、水の持つ奥ゆかしい自然の力、自然とともに生きる自然信仰や文化形成、豊かな自然との向き合い方が奥深くに見えてくる美術館です。

地上に生まれた水は、近くの水と結合したり離れたりしながら、日没にかけてゆっくりと集合し、次第に大きな泉をつくります。生まれてきた小さな生命は、風に吹かれ、光に照らされながら、まるで生きているかのように遊び戯れます。

平安時代の『梁塵秘抄《りょうじんひしょう》』(51)に編まれた今様《いまよう》には、人が生まれてきたことの本質を問うような一首があります。

遊びをせんとや生まれけむ　戯れせんとや生まれけむ　遊ぶ子供の声聞けば
我が身さえも揺るがるれ
（遊びをしようとして生まれてきたのだろうか。戯れをしようとして生まれてきたのだろうか。一心に遊んでいる子供の声を聞くと、感動のあまり自分の身心さえも動いてしまう）

ありのままの自然を受け入れようとする日本人の根源的な表現です。

豊島美術館に生まれてくる生命は、遊びをしようとしてこの世に生まれてきたのでしょうか。戯れをしようとして生まれてきたのでしょうか。地上に生まれてきたばかりの生命が、一心に生きる姿を見ていると、大人になるうちに忘れてしまった自然の僅かな生気に気づき心が動かされます。地上に存在することは、それ自体、祝福であるかのように。

内部空間

豊島美術館をつくるにあたって最初にイメージした「地上に立った時に見える無限遠の空間」とはどのようなものでしょうか。

無限遠の空間の表現とは、消えゆく地平線を内観に表現することにありました。瀬戸内海には、どこまでも続く海と空の果てを地平線として見ることができます。豊島美術館はその無限遠に広がる地平線を人工的につくった建築です。

豊島美術館は水滴の形をした外観で、水が湧き出る作品であるがゆえに、水から構想があったように思われがちですが、むしろ内観の無限遠の構想を形にした結果の産物として、水滴のような外観となっています。そのため、美術館の外観の形状について最初は、直線を用いた山のような形の案などが出ていました。

西沢立衛は、案を出していくうちに、だんだんと水のイメージが湧いてきたそうです。

島は海という水に囲まれた場所であり、施主の福武財団とのイメージ共有はそれほど難しいものではありませんでした。

水のイメージが湧いてきてからは、複数の作家による展示を念頭に、部屋がいくつもあるアメーバ状の形の案などが出てましたが、内藤礼の作品を単独で展示することが決まったため、ワンルームの形になりました。

内部空間は、奥へと消えゆく地平線を表すために、柱などで視界を遮るものがない天井面と床面の二枚構造の建物になりました。建物の高さを低く抑え、天井面から床面へ接地面が鋭角に奥へと入り込む構造とすることで、消えゆく地平線が表現できました。世界中から豊島に来る人々は、地平線がある海の景色を見た後に、豊島美術館がもたらす地平線の美しさに感動します。

古代の日本人は、無限遠に続く、天と海がつくる地平線の景色を「あま」と呼びました。天から降り注ぐ雨もまた「あま」であり、天《あま》・海《あま》・雨《あま》は同一のものとして理解していたのです。どこまで行っても水と空気しかない一つの空間だと認識していました。

豊島美術館の消えゆく地平線を表した内部空間は、古代の人が見たのと同じ「あま」

に囲まれた瞑想《めいそう》空間のようです。

世界の人々が、地平線のある瞑想空間に入ることで、古代の人と同じ根源的な歓びを味わうのではないでしょうか。周囲が海に囲まれた日本では、どこに行っても、天《あま》と海《あま》がつくる地平線が見えます。日本人にとって地平線の景色は、故郷の原風景だと思います。豊島美術館の内観は故郷の景色であり、母なる場所のようです(52)。

■天・雨・海は同一のものとして理解されていた

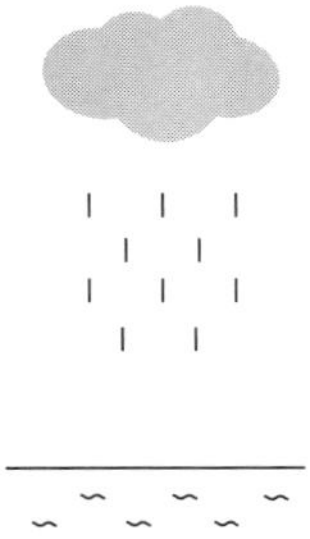

天《あま》

雨《あま》

海《あま》

日毎に変わる表情

豊島美術館の特徴は、大きな開口部があることです。

その開口部からは、日々違う空の景色と、四季の風情を見ることができます。春には春霞、夏には深い青と大きな雲、秋には黄金色の稲穂が煌めき、冬には草木についた霜が輝きます。季節によって飛び交う野鳥も様々です。四季折々の景色が美術館をつくり、自然や風景さえも作品にしていきます。

朝は清々しく、日中は陽気な日差し、夕暮れには柔らかな光が包みます。雨日には泉に雨が降り注ぎ、雪日には純白の冬景色に美術館が隠れ込み、泉の上には雪が降り積もることもあります。凍《こご》える寒さの日には地上に生まれたばかりの水がピキピキと凍ります。鳥や虫も美術館に迷い込む時もある美術館です。風によって水の動きも変わり、日々異なった表情があり、開館してから一つとして美術館には同じ表情はありません。

季節、また日や時間によって、見える景色や感じる景色が違います。季節の情緒を楽しむ日本人の感性は豊かで、雲の形や雨にもたくさんの名前があります。雲の名前は、単に雲量や降水量で表現するcloudやrainではありません。量や形を表す以上に、風情や情緒として多彩な名前があります。春雨《はるさめ》、五月雨《さみだれ》、など空には多彩な名前があります。風には春一番や木枯らし、気温には冬将軍や油照りなど、風や雨の言葉を使わずに、自然の情緒で季節を表現してきました。

都会の生活では、空模様を気にすることも少ないですが、豊島の人々は農作業や漁業が生活の中心なので、常に空を見て生活をしています。豊島美術館の中で、天気や空気を感じながら、ゆっくりと景色の名前を考えてみるのも楽しみ方の一つです。

美術館が開館

美術館の開館日は、平成二二年一〇月一七日でした。

開館前日にはプレオープンを実施し、豊島美術館に、報道各社や豊島住民、関係者などを招き竣工式《しゅんこうしき》が行われました。

竣工式では、建物が完成したことを神様に報告し、神饌《しんせん》や御神酒《おみき》を奉り、土庄八幡神社の森潤《もりじゅん》宮司が祝詞《のりと》を詠んで、土地や建物を神様に見守ってもらうようにお願いしました。

開館日の一〇月一七日は、毎年伊勢神宮で神嘗祭《かんなめさい》が執り行われている日です。全国各地で収穫された新穀を伊勢神宮に届け神様に捧げるお祭りで、日本にとって特に重要なお祭りです。その年に採れた新穀を祝う日であり、物事の始まりの日として一〇月一七日は神宮正月ともいいます。

日本書紀には、天照大御神がはじめて高天原で稲穂を手にし、これこそ瑞穂国《みずほのくに》（日本）の主とする食だと、天孫降臨の際に天から授かったのが、稲穂だと書かれています。以降、毎年収穫を迎える秋の時期に「神様から授かった稲穂はおかげさまで、今年も豊作でした」と報告する感謝の祭が神嘗祭です。日本各地で一〇月一七日前後に祭が開催されるのはそのためです。お米は日本人の生活の基盤であり、神様から授かった日本人の信仰の中心でした。

天皇陛下におかれましても毎年一〇月一七日の神嘗祭にあたっては、皇居で栽培なさった稲穂を伊勢神宮に奉納し宮中祭祀《さいし》を行います。いわば君民が一体となった収穫へ感謝する祭です。その美しい日に完成したのが豊島美術館です。

豊島美術館の祝詞には、美しい瀬戸の情景や、緑溢れる島の情景、美術館の設立に携わった施主や建築家、作家、施工者などの苦労や歓喜が込められました。

最後に、開館時に詠まれた祝詞（著者意訳）を紹介させて頂きます。

豊島美術館　竣工式祝詞【意訳】

晴れ渡るとても澄みきった空の下、目の前には大きくて青い海があって、ここに幾重にも重なった色彩豊かな瀬戸の島々の景色が広がっています。たくさんの細波が集まってできた潮路に大船や小船が行き交っています。この波はいつも穏やかで、風は爽やかで心地よい。豊島には、美しい島々を見渡せる唐櫃の清水という場所があります。透き通った清らかな水が湧き出て、棚田をうるおす水として、自然の恵みをいっぱいに与えてくれます。

豊島美術館は、朝はまばゆいほどの朝日が差し、夕方は美しく輝く日が差す素晴らしい場所に建てられました。この場所に、立派な斎庭と斎竹に注連縄をまわし、神籬で神聖な場所をこしらえ、天津菅麻で清々しく祓い清め、神事の間、神様をお招きしてお越し頂きます。心にかけて思うことも言葉に出すことも誠に恐れ多いことですが、産土大神（土地の神様）と屋船二柱大神（建築の神様）と祓戸大神（穢れを浄化する神様）たちの神前にて斎主が申し上げております。

大神様の功徳をとても尊いと思う財団法人直島福武美術館財団の理事長の福武總一郎氏が、現世の進み行くままに、今の世の中に明日への思いを馳せ羽ばたく夢と希望の瀬戸内国際芸術祭にあわせ美術館をつくりました。美術館の建設が始まる平成二一年二月七日に、地鎮祭を執り行って以降、設計を西沢立衛建築設計事務所に、施工を鹿島建設社に、作品をアーティスト内藤礼氏に委ねました。豊島美術館そのものが、アート作品となるよう建築家の西沢立衛氏とアーティストの内藤礼氏、そして鹿島建設社が、妥協を許さず、互いに助け合い、語り合い、みなで試行錯誤を繰り返したことにより一つの作品としてまとまりました。水と生命が一つとなり融和と生成を繰り返し、誰もが幸福を感じる場所として相応しい美術館が完成しました。清くて純白な誠心を持って、雨が降り続けば雨着をまとい、寒さが厳しい時は焚火で暖をとり、昼はずっと、夜は夜通し、完成まで努力し続けました。神様達の広く厚い恩恵を受けながら、朝でも夕でも緩む事なく働き、みなが優れた巧みの最高技術を持ち寄り、力を併せ心一つに力強く事を進め、永遠に揺ぎない美しく優れた美術館を築きあげました。

そして豊島美術館のメイン棟、ラウンジ棟、受付棟の建築や内外の設備も整い完成したため、いま竣工式を行っています。日はいくつもあるけれども、このおめでたい今日の良き日を吉日と選定しました。朝日が昇るこの時に、無事に美術館が完成したお礼として、神前にお米とお酒、それに数々の野菜や果物を献上して、理事長福武總一郎氏を始め、関係者が太玉串を献上し、美術館を穏やかに安らかに見守り頂きますようお願い申し上げます。

これからの将来、先の神様たちの思いや願いを受け取り頂きまして、美術館の内外には八十禍津日神(厄除けの神様)に守護して頂きます。

たくさんの人々がここに訪れ、生命を育む水のより所となるでしょう。建物とアート作品は清々しく日々変化し、豊島美術館と島は一つになるでしょう。季節の移ろいの中、春は島が青々と萌え出すでしょう。瀬戸内の島々や海を愛す思いを持って訪れる人々に、幸福と感動を与える豊島美術館として永遠に強固に高々と広々とずっとずっと立派に栄えていきますように、慎んで申し上げます。

平成二二年一〇月一六日

稲穂が黄金色にまばゆくなか、生まれたてのまっさらな美術館に祝詞が贈られました。

〈注釈〉

(01)『調査月報 No.271』香川経済研究所、平成二一年
『調査月報 No.277』香川経済研究所、平成二二年
『調査月報 No.280』香川経済研究所、平成二三年
『瀬戸内国際芸術祭 実施計画』瀬戸内国際芸術祭実行委員会、平成二一年
『瀬戸内国際芸術祭2010の概要』瀬戸内国際芸術祭実行委員会、平成二二年

(02)福武總一郎＋北川フラム『直島から瀬戸内国際芸術祭へ—美術が地域を変えた』現代企画室、平成二八年、六一－六二頁

(03)『瀬戸内国際芸術祭2010 総括報告平成22年12月20日』瀬戸内国際芸術祭実行委員会、平成二三年
『総理官邸 ホームページ』都市再生本部、全国都市再生の推進、全国都市再生モデル調査平成16年度、全国都市再生の推進 香川県、アートで輝く島々—国際観光エリア・瀬戸内

(04)『瀬戸内国際芸術祭2010 公式ガイドブック アートをめぐる旅・完全ガイド』美術出版社、平成二二年、一二三頁

(05)『直島（なおしま）観光旅サイト』直島町観光協会公式 ホームページ』直島町観光入込客数（PDFファイル）

(06)『福武書店30年史』福武書店、昭和六二年、創業前史、一三頁

(07)秋元雄史・江原久美子『直島文化村へのメッセージ』ベネッセコーポレーション コーポレートコミュニケーション室、平成一〇年、一六一—一九頁、一八八—一九一頁

(08)三宅親連・石井和紘・川勝平太『自立する直島—地方自治と公共建築群』大修館書店、平成七年

(09)国吉康雄（くによしやすお、一八八九—一九五三）。岡山県出身。アメリカを拠点に活動した洋画家。代表作に「もの思う女」「逆さのテーブルとマスク」などがある。

(10)満谷国四郎（みつたにくにしろう、一八七四—一九三六）。岡山県出身の洋画家。後期印象派の影響を受けた画風。

(11)ピエール＝オーギュスト・ルノワール（Pierre-Auguste Renoir 一八四一—一九一九）。フランスの印象派の画家。後期印象派の画家の一人として挙げられることもある。代表作に「ムーラン・ド・ラ・ギャレットの舞踏会」「舟遊びをする人々の昼食」などがある。

(12)小澤善雄『国吉康雄—人と作品 小澤善雄—福武コレクション所蔵作品紹介』ベネッセホールディングス、平成二五年

（13）前掲書 (06) 30年史、福武コレクション、二五二頁、三〇七―三二二頁
（14）カレル・アペル（Karel Appel 一九二一―二〇〇六）。オランダの現代美術作家。多彩な原色を使った抽象画や立体作品などを制作した。
（15）草間彌生（くさまやよい、一九二九―）。長野県出身の現代美術作家。アメリカで「ハプニング」と称される過激なパフォーマンスを行う。代表作に、水玉模様の「かぼちゃ」など立体作品がある。
（16）須田悦弘（すだよしひろ、一九六九―）。本物の植物のように見える精巧な木彫作品を制作。直島では、家プロジェクトの碁会所や、ベネッセハウスに常設作品がある。
（17）秋元雄史（あきもとゆうじ、一九五五―）。平成三年よりベネッセアートサイト直島のアートプロジェクトに関わる。地中美術館や金沢21世紀美術館の館長などを歴任。ラブプラネット展では、アーティストとして出品した。
（18）『新建築 ２００４年１月号』新建築社、平成一六年、ラブプラネット展、一五二頁
（19）『Traveler（２０００・3）』Conde Nast、平成一二年三月号
（20）秋元雄史・徳田佳世『NAOSHIMA STANDARD2』直島福武美術館財団、平成一九年、一二三頁、一二八―一二九頁
『NAOSHIMA NOTE ２月号（№８）』ベネッセアートサイト直島、平成二五年、一一―一五頁
『NAOSHIMA NOTE january（№19）』福武財団、平成二八年、九―一〇頁
（21）『世界に誇る、ゆたかさとやさしさの意匠　直島建築』直島町
（22）『瀬戸内国際芸術祭２０１０ 総括報告　平成22年12月20日』瀬戸内国際芸術祭実行委員会、平成二三年
香川県議会会議録『２００７年09月14日：平成19年９月定例会（第２日）本文』
（23）前掲書 (02) 直島から瀬戸内国際芸術祭へ、四九―五〇頁
（24）福武總一郎・安藤忠雄ほか『直島　瀬戸内アートの楽園』新潮社、平成二三年
前掲書 (02) 直島から瀬戸内国際芸術祭へ
（25）『芸術新潮１９９３年9月号「特集 安藤忠雄」』新潮社、平成五年
（26）『日本経済新聞』日本経済新聞社、平成三年、五月一一日、四一面、対外面より社風改善のバネに、企業美術館「社員のため」
（27）『NAOSHIMA NOTE　５月号（№13）』ベネッセアートサイト直島、平成二六年

(28)『美術手帖２００４年９月号』美術出版社、平成一六年、一五―一〇八頁

(29) 美術史家 Philippe Piguet 氏によるモネに関する講演会開催、ベネッセハウスパーク パークホール、平成二八年一月二五日

(30) フィンセント・ファン・ゴッホ（Vincent van Gogh 一八五三―一八九〇）。オランダの後期印象派の画家。代表作に「ひまわり」「自画像」などがある。

(31) ポール・セザンヌ（Paul Cézanne 一八三九―一九〇六）。フランスの後期印象派の画家。「近代絵画の父」と称される。代表作に「リンゴとオレンジのある静物」「サント＝ヴィクトワール山」などがある。

(32) パブロ・ピカソ（Pablo Picasso 一八八一―一九七三）。スペイン生まれ、フランスで活躍した画家、彫刻家。キュビスムの創始者として知られる。代表作に「ゲルニカ」「泣く女」「アビニヨンの娘たち」などがある。

(33) ピエト・モンドリアン（Piet Mondrian 一八七二―一九四四）。オランダ出身の画家。本格的な抽象絵画を描いた最初期の画家とされる。代表作に「コンポジション」などがある。

(34) マルセル・デュシャン（Marcel Duchamp 一八八七―一九六八）。フランス生まれの美術家。代表作に「泉」などがある。

(35) 内藤礼・西沢立衛・椹木野衣・クリスデルコン『豊島美術館』福武財団、平成二八年、一一七頁、豊島美術館が生まれるまで
秋元雄史『日本列島「現代アート」を旅する』小学館、平成二六年、一八二頁

(36) 前掲書 (35) 豊島美術館
前掲書 (35) 現代アートを旅する

(37) 前掲書 (05) 直島町観光入込客数

(38) 秋元雄史・徳田佳世・逸見陽子『直島福武美術館プレスキット』直島福武美術館準備室、平成一五年
前掲書 (35) 現代アートを旅する、一八二頁
内藤礼・西沢立衛・徳田佳世『豊島美術館ハンドブック』直島福武美術館財団、平成二三年、四六―五一頁

(39)『日本経済新聞』日本経済新聞社、平成二八年、七月九日、NIKKEI プラス１
Sophie Richard『The art lover's guide to Japanese museums』Paul Holberton Pub、平成二七年

(40) 小林克弘『プリツカー賞 受賞建築家は何を語ったか』丸善出版、平成二四年、一七頁

(41) ルートヴィヒ・ミース・ファン・デル・ローエ（Ludwig Mies van der Rohe 一八八六—一九六九）。ドイツ出身、アメリカ人建築家。ル・コルビュジエ、フランク・ロイド・ライトとともに、近代建築の三大巨匠といわれている。代表作に、「ファンズワース邸（アメリカ）」などがある。
(42)『ＰＬＯＴ 04 西沢立衛』エーディーエー・エディタ・トーキョー、平成一五年、一四頁
(43) 佐々木睦朗（ささき むつろう、一九四六—）。建築構造家。代表作に「せんだいメディアテーク」「札幌ドーム」などがある。
(44) 佐々木睦朗『構造・構築・建築 佐々木睦朗の構造ヴィジョン』LIXIL出版、平成二九年、三九—四五頁、二〇〇—二〇四頁、二六六—二六九頁
(45)『近代建築ものづくりの挑戦』竹中大工道具館、平成二七年
(46) 前掲書(42)ＰＬＯＴ 04
(47)『東西アスファルト事業連合 ホームページ』２０１３東西アスファルト事業協同組合講演会、環境と建築、豊島美術館
(48) 西沢立衛『続・建築について話してみよう』王国社、平成二四年、一〇四頁
『新建築 ２０１１年１月号 ＷＥＢ連動企画 豊島美術館』新建築online、平成二三年一月アップロード
前掲書(38)ハンドブック
前掲書(42)ＰＬＯＴ 04
『鹿島建設 ホームページ』KAJIMAダイジェスト、November ２０１４：特集「せとうちアート建設ツーリズム」、豊島美術館
前掲書(44)構造ヴィジョン
(49) 前掲書(38)ハンドブック
(50) 徳田佳世・逸見陽子『内藤礼 このことを／直島・家プロジェクト きんざ』直島コンテンポラリーアートミュージアム／ベネッセコーポレーション、平成一四年
内藤礼『内藤礼〈母型〉』左右社、平成二五年
内藤礼『O KU 内藤礼—地上はどんなところだったか』HeHe、平成二六年
(51) 梁塵秘抄（りょうじんひしょう）。平安時代末期に後白河法皇によって編まれた今様集。治承年間に完成した。
(52) 田中英道『高天原は関東にあった 日本神話と考古学を再考する』勉誠出版、平成二九年

〈参考文献〉

(01)『公益財団法人 福武財団ホームページ』財団について、財団のあゆみ、設立のごあいさつ
(02)秋元雄史・江原久美子・逸見陽子『直島コンテンポラリーミュージアムコレクションカタログ Remain in Naoshima』ベネッセコーポレーションコミュニケーション室、平成一二年
(03)『Becoming』ベネッセアートサイト直島・福武財団、平成二五年
(04)『瀬戸内国際芸術祭 ２０１０作品記録集』美術出版社、平成二三年
(05)秋元雄史・安藤忠雄ほか『直島 瀬戸内アートの楽園』新潮社、平成一八年
(06)秋元雄史ほか『美術の展示と現場(神戸芸術工科大学レクチャーシリーズ２)』新宿書房、平成二〇年
(07)徳田佳世・逸見陽子『地中美術館』地中美術館・直島福武美術館財団、平成一七年
(08)『地中ハンドブック』地中美術館・直島福武美術館財団、平成一七年
(09)『THE STANDARD』直島コンテンポラリーアートミュージアム／ベネッセコーポレーション、平成一四年
(10)『NAOSHIMA STANDARD2』直島福武美術館財団、平成一九年
(11)『直島会議Ｖ「アートと地域：マクロとミクロの間で」』ベネッセコーポレーション、平成一三年
(12)安藤忠雄『建築家 安藤忠雄』新潮社、平成二〇年
(13)『妹島和世＋西沢立衛―２０１３』エーディーエー・エディタ・トーキョー、平成二五年
(14)『直島通信 ２００８年３月号』ベネッセアートサイト直島、平成二〇年
(15)直島インサイトガイド制作委員会『Naoshima Insight Guide 直島を知る５０のキーワード』講談社、平成二五年
(16)松井健・白州信哉・谷川渥・内海徹・内藤礼『信仰と美のかたち 可視化された神の像 日本・アジア・西洋―プリミティヴ・アートから現代美術まで』里文出版、平成二五年
(17)『NAOSHIMA NOTE(№１～24)』ベネッセアートサイト直島
(18)徳田佳世・逸見陽子『地中美術館』地中美術館 直島福武美術館財団、平成一七年
(19)秋元雄史・徳田佳世・逸見陽子『地中トーク モネ入門―「睡蓮」を読み解く六つの話』直島福武美術館財団 地中美術館、平成一八年

(20) 秋元雄史・徳田佳世・逸見陽子『地中トーク 美を生きる ―「世界」と向き合う六つの話』直島福武美術館財団 地中美術館、平成一八年
(21) 逸見陽子『地中トーク 日本人の文化基盤について考える五つの話』直島福武美術館財団、平成二〇年
(22) 西沢立衛『美術館を巡る対話』集英社、平成二一年
(23) 安藤忠雄『連戦連敗』東京大学出版会、平成一三年
(24) 安藤忠雄『建築を語る』東京大学出版会、平成一一年
(25) 安藤忠雄『TADAO ANDO Insight Guide 安藤忠雄とその記憶』講談社、平成二五年
(26)『瀬戸内国際芸術祭２０１０公式ガイドブック　アートをめぐる旅・完全ガイド』美術出版社、平成二二年
(27)『美術手帖　２０１０年９月号』美術出版社、平成二二年
(28) 槇谷榮次『ドームの不思議　コンクリート造・組積造編』鹿島出版会、平成一九年
(29) 福武直『日本社会の構造［第二版］』東京大学出版会、昭和五六年
(30) 福武直『現代日本社会論』東京大学出版会、昭和四七年
(31) 福武直『日本農村社会論』東京大学出版会、昭和三九年
(32) 江原久美子・逸見陽子『直島文庫 直島・家プロジェクト「角屋」』ベネッセコーポレーション、平成一三年
(33)『Naoshima Nature,Art,Architecture』Hatje Cantz Verlag、平成二二年
(34)『GA JAPAN108』、エーディーエー・エディタ・トーキョー、平成二三年
(35)『安藤忠雄 建築手法』、エーディーエー・エディタ・トーキョー、平成一七年

あとがき

平成二三年三月一一日に起きた東日本大震災は、国民の心胆を寒からしめる災害でした。

震災が起きたのは、豊島美術館ができて間もない頃です。震源地から遠く離れた豊島の土庄町でも揺れを観測し、津波の注意報も発令されました。震災当日、私は豊島美術館の中にいました。豊島にも津波が来るかもしれないという緊急連絡がありましたが、口伝えに聞いた津波の情報をよく理解できなかったことを覚えています。

私は、豊島美術館の設立時メンバーの一員として、開館当初から豊島の大自然を肌身で感じながら、美術を愛でるという贅沢《ぜいたく》極まりない環境にいました。秋はあたり一面が稲穂で黄金色に染まり、冬は美術館の中に雪が積もるといった季節の移ろいを楽しみ、歓喜する毎日でした。

ところが震災によって、自然の恐怖の一面を目の当たりにすることになります。東北から豊島美術館を訪れた方は、人や街を丸飲みした水の恐怖や自然の威力に涙していました。私はその時、作品への歓喜が、受苦に変わる瞬間を目の当たりにしたのです。

豊島美術館の作品は、開館時から何一つ変わっていませんが、そこで美術館の存在意義が変わってきたように思います。

全国の美術館の様子もこの頃から変化しました。余震が続き原子力発電所の状況が予断を許さない状況だったため、海外からの美術作品輸送は相次いでキャンセルになりました。その影響を受けた多くの美術館は、所蔵品である日本美術を展示することへと方向転換しました。

西洋の芸術こそ真の芸術だという一種の偏った美術史観を持った日本人が、日本美術の魅力を改めて知ることになり、日本の芸術文化の素晴らしさに気づき賛嘆《さんたん》しました。日本の美術館にとってこの流れは良い方向に向かっていたと思っています。

東日本大震災の翌年には、伊勢神宮の式年遷宮が行われました。二〇年に一度、伊勢神宮の社殿を建て替える神事で、同時に一七〇〇点もの神宝御装束と呼ばれる日本の伝統工芸品も全て作り変えます。日本を代表する工芸家らにとっても二〇年に一度の芸術の一大事業です。

当時豊島美術館を退任し、京都の美術館の学芸員を務めていた私は、京都の工芸家らが特別な思いで作品を作り上げている姿を間近で見ていました。制作にあたっては、みな共通して特別な祈りがあったように思います。式年遷宮を終えた直後の檜の薫る社殿の中で、神様とともに初朝を迎えることもできました。新しい社殿が初めて光に出会う瞬間に立ち会えたことは、どれほど心が動いたことか言葉が見つかりません。

この年には、一三〇〇万人が伊勢神宮を参拝したそうです。実に国民の一割以上です。東日本大震災や伊勢神宮の式年遷宮を経験した国民は、自然の脅威も、恐怖も、恵みも、美しさも、森羅万象に深く向き合いました。そして人間と自然との共生のもと、日本の文化が形成されてきたことを再認識したように思います。

豊島美術館は、自然の全てを受容できる場所にしたいという思いがあり設立されました。伊勢神宮も豊島美術館も、昨今の日本人は本質的に同じものをつくったと思っています。

東日本大震災の被災地への支援物資の一覧には「芸術作品は不必要」と記されていました。この一文を見て、今を懸命に生きる人にとっては、芸術は無意味なものだという現実を心に叩きつけられました。「よく生きる」を考えることを理念としていた豊島美術館の活動は無力にも思いました。

しかし、人は生きるための困難を乗り越えた先に、芸術は不可欠だと私は信じています。その信念を持ってこれからも芸術の研究を続けていきます。

末筆となりましたが、本書出版にあたり啓文社書房の漆原亮太様、甲斐菜摘様には、ひとかたならぬお世話になりましたこと、心より感謝しております。

平成三〇年五月

佐々木良

謝謝臺灣對於 2011 東日本震災的支援，
我們永遠不會忘記這份恩情。

Thank you for your heartfelt support
for 2011 Tohoku Earthquake and Tunami.

佐々木良（ささき・りょう）

学芸員、作家。日本国史学会。

昭和五九年生。京都精華大学 芸術学部 卒業。

工芸家の祖父のもと、幼少期から制作を始める。

油絵を専門としながら、漆芸の制作にも注力する。

大学卒業後は、地中美術館に従事し、豊島美術館においては設立メンバーとして携わる。京都現代美術館の学芸員を経て、現在、フリーランスとして国内外の展覧会を手がけている。

美術館《びじゅつかん》ができるまで
なぜ今《いま》、豊島《てしま》なのか?

平成三〇年五月二五日　初版
平成三〇年九月一五日　第二刷

著者　佐々木良《ささきりょう》

発行人　漆原亮太
編集　甲斐菜摘
発行所　啓文社書房
〒一六〇－〇〇二二
東京都新宿区新宿一－二九－一四パレドール新宿二〇二
電話〇三－六七〇九－八八七二

発売所　啓文社
印刷・製本　株式会社光邦
表紙絵・挿絵　オビカカズミ

ISBN 978-4-89992-047-2　C0030

http://www.kei-bunsha.co.jp